高校排球运动教学与训练发展研究

王　薇／著

吉林出版集团股份有限公司
全国百佳图书出版单位

图书在版编目(CIP)数据

高校排球运动教学与训练发展研究 / 王薇著. – – 长
春：吉林出版集团股份有限公司，2021.7

ISBN 978-7-5731-0053-5

Ⅰ.①高… Ⅱ.①王… Ⅲ.①排球运动 – 体育教学 –
教学研究 – 高等学校②排球运动 – 运动训练 – 教学研究 –
高等学校 Ⅳ.①G842.2

中国版本图书馆 CIP 数据核字(2021)第 146320 号

GAOXIAO PAIQIU YUNDONG JIAOXUE YU XUNLIAN FAZHAN YANJIU

高校排球运动教学与训练发展研究

著　　者	王　薇
责任编辑	冯　雪
装帧设计	马静静

出　　版	吉林出版集团股份有限公司
发　　行	吉林出版集团社科图书有限公司
地　　址	吉林省长春市南关区福祉大路 5788 号　邮编：130118
印　　刷	北京亚吉飞数码科技有限公司
电　　话	0431－81629712(总编办)　0431－81629729(营销中心)
抖 音 号	吉林出版集团社科图书有限公司 37009026326

开　　本	710mm×1000mm　1/16
印　　张	16.25
字　　数	257 千
插　　图	220 幅
版　　次	2022 年 4 月第 1 版
印　　次	2022 年 4 月第 1 次印刷

| 书　　号 | ISBN 978-7-5731-0053-5 |
| 定　　价 | 78.00 元 |

如有印装质量问题，请与市场营销中心联系调换。　0431－81629729

前　言

排球运动是一项在世界范围内广泛流行的大球类运动,具有广泛的群众参与基础,在体育竞技和体育健身领域都非常受重视。

在高校,排球运动是传统体育运动教学项目,排球运动的多元运动教育价值在促进高校大学生的全面发展方面发挥了重要的作用,并且还有许多运动教育价值值得深入挖掘,但由于高校排球运动与教学存在各种问题而难以实现,现阶段,在我国高校,排球运动相较于其他体育运动项目的教学与训练发展较为落后。

新时期,要进一步切实排球运动教学与训练促进高校大学生的健康全面发展,就必须认清和审视高校排球运动教学与训练存在的问题、发展不足,通过科学化、可行性发展建议与策略改变高校排球运动的发展瓶颈,《高校排球运动教学与训练发展研究》一书的撰写旨在为高校排球发展提供理论与科学指导,指出高校排球教学与训练发展策略与路径,促进排球运动教学与训练的科学、持续发展,也进一步促进高校大学生的健康全面发展。

全书共八章,从发展的角度对高校排球教学与训练进行了多角度、多层面的立体分析与研究,并指出了科学化、预见性、可行性发展建议与策略。前四章为高校排球运动教学与训练理论及发展研究,其中,第一章为排球运动概述,对排球运动的起源与发展、特点与价值、运动组织与重大赛事进行了系统研究,对运动者全面了解与掌握排球运动基本常识有指导认知作用;第二章为高校排球运动教学及创新发展,在深入解析高校排球运动教学目标与任务、教学原则与方法的基础上,结合当前我国高校排球运动教学现状,指出了我国高校排球运动教学的主要困境,并有针对性地对高校排球运动教学的发展出路进行了分析,为全面促进高校排球教学发展,还专门针对高校大学生排球联赛的发展以及多元化的排球运动文化在高校中的传播和教学发展,为我国高校排球教学的多层次发展指明了发展方向;第三章为高校排球运动训练及创新发展,在系统阐述高校排球运动训练理论的基础上,深入分析了现阶段我国高校排球运动训练的基本现状,针对高校排球训练现状进行了探索性研究,理清并深入解析了新时期我国高校排球运动创新理念与策略,并为新时期大学生排球运动人才的发掘、培养进行了重点分析与研究;第四章为高校排球运动学训理论指导,着重研究了科学化的排球运动学训计划制订、学练原则与方法、学练医务安全内容,可为高校排球运动教、学、训提供科学理论指导。第五章至第八章为高校排球运动教学与训练实践研究,其中第五章从身体素质、心理素质、智能素质三个方面对高校排球运动教学与训练进行了基础性研究;第六章和第七章分别为高校排球技术、高校排球战术的教学与训练指导研究,其中包括排球技战术理论知识和排球技战术实训内容;第八章为高校排球游戏教学与训练指导,对排球运动游戏在排球教学与训练中的应用进行了细致和深入的分析,在此基础上分别就高校排球运动素质游戏、技术游戏、实战游戏进行了详细阐述与解析,可为高校师生丰富高校排球教学与训练提供理论与实践参考与启发。

本书对高校排球运动的研究侧重于教学与训练两个层面,撰写过程中,为了更加科学严谨地研究高校排球运动教学与训练,同时也为了更加深入浅出地表述研究内容与成果,在成书撰写过程中突出了以下特点。

第一,科学严谨,层次清晰,结构完整。本书对高校排球运动的研究以理论知识为切入点,在高校排球运动教、学、训的每个层次的研究中,均以理论为指导,关注实践开展的科学指导性,构建了完整的高校排球运动教学、训练体系,并对这两个体系进行了多角度、深层次的发展研究。

第二,亮点突出,有发展预见性。本书研究高校排球,旨在促进高校排球教学与训练的科学发展,第二章、第三章作为本书的亮点章节,对高校排球运动教学与训练的研究是深入的、对高校运动教学与训练的可持续发展是具有重要启发性的,对高校排球运动教学与训练的科学化、多层次、可持续性发展具有理论和实践双重指导意义。

第三,内容详实,图文并茂。本书关于高校排球运动教学与训练的实践内容进行了较为全面的解析,内容涉及排球体能、技术、战术、游戏教学与训练的方方面面,便于高校师生参考学练。

第四,角度新颖,具有时代特征。为更好地促进我国高校排球运动教学与训练的发展,本书从高校排球教学与训练为切入点,通过高校大学生排球联赛、多元排球文化等内容拓展了高校排球教学发展领域,对高校排球训练的研究引入了最新训练理念、重视排球后备人才培养,丰富了高校排球训练发展维度,并且全书立足实践,对贡献排球运动教学与训练的研究充分贴合了当下的现状,符合新时期高校体育教学发展与全面人才培养要求,突显了新时代的高校排球教学与训练特点。

本书在撰写过程中参考借鉴了部分专家学者在排球运动以及高校排球运动方面的相关研究成果和观点,在此表示最诚挚的谢意。由于时间和精力所限,不足之处,敬请指正。

作　者

2021 年 1 月

目　录

第一章　排球运动概述

　　排球运动是一项世界性的大球运动,发展到现在已经成为一项具有丰富的文化内涵和运动价值的球类运动项目,具有广泛的关注度和参与人群。个体关注和参与排球运动,应首先对排球运动的基本理论常识有一定的了解和认识,如此才能在排球运动的直接或间接参与过程中更加深刻地感知排球运动文化、欣赏排球运动内容、更积极主动地投入和享受排球运动。本章主要就排球运动的起源与发展、特点与价值、排球运动组织与重大赛事等基本理论知识进行系统介绍,以为个体更全面地认识排球运动提供理论指导。

第一节　排球运动的起源与发展

一、排球运动的起源

(一)排球运动雏形

　　现代排球起源于一种美国球类游戏。

　　19世纪末,在美国,大众参与健身的人口主要是青年人,中老年人很少能找到与其人群年龄和生理特点相符的运动健身内容。在这样的社会健身背景下,1895年,威廉·摩根在指导人们参加健身锻炼时,提出应该针对不同的人群采取不同的锻炼方法,这样才能增强体质水平。

　　威廉·摩根从当时在美国十分流行的篮球运动中得到启发,为了满足中老年人健身的需要,创造出一种动作较为缓和、活动量适当的适合中老年人群体的运动形式,威廉·摩根以篮球运动为基础,参考借鉴棒球、网球以及手球等运动项目的特点,进行各种各样的试验,如在最初尝试以篮球场为场地,中间架起网球网(高约 1.98 米),用篮球胆为球,运动者隔网对抗,但是由于篮球内胆重量太轻,被击起后在空中飘忽不定,影响击球体验,后又改用篮球,但重量又太重。

此后,在运动用球和球的重量上经过多次不断地调整,后最终制作了与现代排球相近的、外表皮制、内胆为橡皮的球,圆周 25～27 英寸(63.5～68.6 厘米),重量 9～12 盎司(225～340 克),这就是最初的排球游戏用球。

(二)排球的正式诞生

排球运动在美国出现后,得到了广泛的关注与传播,受到国内各教会、学校和社会的广泛重视,同时也被列为军事体育项目。

1896 年,美国春田专科学校举办首次排球表演赛,赛后,霍尔斯特德教授将排球运动游戏改名为"Volleyball"(意即"空中连续击球"),标志着现代排球运动的正式诞生,"Volleyball"作为排球运动的官方名称,一直沿用至今。

1896 年,美国开始有了排球比赛。1896 年 7 月美国《体育》杂志发表了世界上第一部排球运动规则。

最初的排球比赛中没有人数规定,赛前由双方临时商定,只要双方人数相等即可。由于排球运动在美国非常流行,因此,很多人都非常喜欢并积极参与排球运动,此后,排球运动由美国的传教士和驻外国的军官、士兵带到了世界各地。

(1)美洲:根据相关史料了解,排球运动于 1900 年传入加拿大;1905年传入古巴;1912 年传入乌拉圭;1914 年传入墨西哥。

(2)亚洲:排球运动于 1900 年左右先后传入印度、日本和菲律宾等国;排球运动传入中国的时间约在 1905 年。

(3)欧洲:第一次世界大战期间,美国士兵将排球运动带到欧洲。1917 年首先出现在法国,之后传到东欧诸国。

由于排球运动传入的时间及采用的规则不同,世界各地排球运动形式也不同。

二、排球运动的发展

（一）世界排球运动的发展

1. 排球游戏向竞技排球的过渡发展阶段

排球运动由运动游戏发展而来，最初，排球运动是为中老年人群健身娱乐而创造发明的球类运动游戏。作为一种娱乐性较强的游戏，人们隔网拍打，追击嬉戏，以不使球在本方落地为乐趣。

排球运动本身就具有较强的娱乐性，再加上最初并没有比赛规则的限制，因此，比赛较为随意，而且，在排球运动之初，并无运动技术要求，故而参与的人数非常多，随着排球运动的不断发展，越来越多的人开始喜爱上这项运动，随后，在排球运动游戏参与实践中，人们经过多次的演变便出现了多次击球的打法，这就使得排球运动具有了击球竞技比拼特点。

随着排球运动规则的制定，排球运动开始由运动游戏向竞技体育运动发展。在最初的排球比赛规则中，规则规定每方击球不能超过 3 次，否则就会判定失分。这一规则开始将排球击球动作分化为传球和扣球两种，排球扣球力量大、攻击性强，因此深深吸引了年轻人的参与，大大地推动了排球运动的向前发展。随着排球运动的逐步发展，为应对扣球技术，拦网技术得以出现，此外，为了使本方占据进攻的主动性，人们对发球技术进行了进一步丰富和创新发展，排球击球技术的不断出现和丰富发展，使得排球运动的竞技性越来越强。

同时，随着排球运动技术的不断丰富，在排球运动实践中，为了更好地制约对方，使得本方击球过网，并在对抗中获胜，排球运动战术开始出现，排球战术的形成并获得逐步发展，是排球运动发展的一大飞跃。

1921—1938 年间，为适应排球技术的飞快发展，排球运动规则不断修改和完善，排球技术动作被明确地规定为发球、传球、扣球和拦网。

1936 年第 6 届柏林奥运会期间，成立了第一个国际排球组织——排球技术委员会，但由于第二次世界大战的爆发，委员会尚未开展工作就解体了。

2.竞技排球的迅速发展阶段

美国是排球运动的故乡,但在美国本土,虽然较早出现了排球表演赛、排球比赛规则,但长期没有把排球运动作为一种竞技项目来发展,主要用于休闲和娱乐,所以美国的排球技术水平发展较晚。

排球运动传入欧洲之后,在欧洲进入了快速的竞技化发展道路。

随着排球运动的不断发展,世界范围内,从事排球运动的人越来越多,排球运动各类竞赛活动也日益增多,为了规范排球运动的发展,一些国际性、国家与地方性的排球运动组织开始出现,排球运动组织的不断出现,进一步促进了排球运动的规范化、竞技化发展。

在排球运动发展的过程中,国际间的排球活动和赛事越来越多,迫切要求建立排球国际组织规范排球运动发展。

1947年,国际排球联合会(简称国际排联)在巴黎成立,发展至今,共有220个协会会员,成为世界上拥有会员最多的单项协会之一。国际排联商讨制定了国际排联宪章和排球竞赛规则,排球运动正式进入竞技排球阶段。其后,国际排联出色地领导和组织了一系列的世界大赛。

(1)1948年,第1届欧洲男子排球锦标赛。

(2)1949年,第1届世界男子排球锦标赛。

(3)1949年,第1届欧洲女子排球锦标赛。

(4)1952年,第1届世界女子排球锦标赛。

(5)1957年,批准成为奥运会正式比赛项目。

(6)1964年,男、女排进入第18届奥运会。

(7)1965年,第1届世界杯男子排球赛。

(8)1973年,第1届世界杯女子排球赛。

(9)1977年,第1届世界青年男、女排球锦标赛。

此后,世界范围内,许多排球运动组织的出现为进一步促进世界范围内的排球运动竞赛、排球运动表演等获得的开展具有重要的推动作用。

20世纪50年代,东欧国家排球运动水平发展较快,屡次在世界大赛中取得优异的成绩。苏联男、女排多次蝉联世界冠军。

20世纪60年代初,日本女排运动水平发展较快,大松博文教练创造"前臂垫球""滚翻防守"和"勾手飘球"技术,并以出色的发球和攻防打破了苏联称霸女子排坛的局面,一举夺魁。这一时期,日苏对垒的局面时常出现,这两支球队代表了当时最高的排球技术水平。

20世纪70年代,排球各种技战术应运而生,排球运动的技战术体系的不断丰富,促进了世界范围内排球运动的快速发展,世界范围内,排球运动出现了多国争霸的局面,表明了世界排球运动的繁荣发展。

这一时期,排球技战术发展欣欣向荣,并产生了质的飞跃。世界范围内排球运动不同风格、不同流派轮执牛耳,竞技排球发展前景广阔。

3. 排球运动的多元化发展

(1)竞技排球的多元化发展

①排球运动的竞技化发展整体态势

20世纪80年代以后,排球竞技发展加快。

这一时期,排球运动已经发展成为一项世界范围内的具有较强竞技性的球类运动,排球比赛竞争更加激烈,以前只靠某一环节就能赢得比赛的情况已成为过去,排球运动至此进入全攻全守的时期。世界排坛出现多国争霸局面。

就欧洲竞技排球运动发展来说,西欧男排以及美国男排的攻防体系相对成熟,跳发球和纵深立体进攻战术具有非常大的威慑力,在排球比赛中得到了广泛的应用。

在美国,作为排球运动的发源地,美国排球运动竞技化发展水平一直比较稳定,并不断提高实力,美国男排还创造了摆动进攻战术,该战术与后排强攻形成纵深立体进攻战术,对于球队在比赛中获得比赛主动权、赢取比赛胜利奠定了强劲的战术实力基础。

在亚洲,中国排球、日本排球的运动水平都是比较高的。中国女排的特点比较全面,善于攻防、战术多变、以高制矮、以快制高。在这一时期,中国女排球曾经创造了在世界大赛中连续5次夺冠的奇迹。令世人刮目相看。进入21世纪,中国女排又获得了2004年雅典奥运会冠军,以及2016年里约奥运会的冠军,再次站在了世界之巅。

②竞技排球运动的职业化发展趋势

20世纪90年代开始,竞技排球走上职业化发展道路。排球运动的职业化是世界排球运动的又一大发展。

竞技排球运动的职业化发展首先是从欧洲开始的。走在排球职业化道路前列的是意大利。意大利排球运动的职业发展具有典型性和代表性。

20 世纪 80 年代末,意大利排协大刀阔斧地推行排球职业化和俱乐部制度。意大利排球职业俱乐部的出现和运营极大地促进了意大利排球运动的竞技职业化发展,也为其他国家的排球运动的职业化发展提供了不少成功的经验。

③竞技排球运动的市场化发展趋势

在以市场经济为主要形式的世界经济体系中,只有进入市场并占有市场,竞技体育才能发展。世界男排联赛、女排大奖赛为排球运动成功走向市场的范例,取得了前所未有的社会效益和经济效益。

此外,现代传媒的发展和信息技术的发展为排球运动的职业化发展和市场化发展奠定了良好的科学技术基础。1996 年亚特兰大奥运会后,国际排联更加积极地与媒体合作,世界排球大赛获得空前的成功。

④竞技排球运动的社会化发展趋势

1984 年,国际排联代表大会的换届选举中,阿科斯塔担任国际排联主席,决心把排球运动发展成为世界上最受欢迎的运动项目之一。在阿科斯塔的领导下,国际排联对自身和排球运动进行了一系列的改革和调整。

促进排球运动的社会化发展,是使排球运动成为世界上最受欢迎的运动项目的重要前提,因此,必须把排球运动推向社会,为社会所接受。

与其他运动项目相比,排球运动的多元化价值十分明显,经常参加排球运动锻炼能有效增强人体素质,完善人的心理品质,提高社会适应力。

为在青少年中开展排球运动,国际排联大力推广和开展"学校排球"和"迷你排球"("小排球")活动,此外,排球运动在残疾人群中也具有良好的群众基础,排球运动极大地丰富了不同社会群体的业余生活。

2008 年,我国的魏纪中先生荣任第三届国际排联主席,他的思想更民主、更活跃,立志于让更多的人喜爱排球运动,参与排球运动,为此做了许多宣传、推广、改革工作,进一步促进了世界范围内排球运动的社会化发展。

目前,在我国,排球运动成为全民健身的重要内容,可以说,排球运动的社会化程度日益加深。排球运动拥有了更加广泛的群众基础。

排球运动的职业化、商业化(市场化)、社会化更大地促进排球运动的发展。

(2)娱乐排球再兴起

20 世纪 80 年代,竞技排球的技战术变化和竞赛规则的改变与完善使得排球比赛的观赏性越来越高,再加上当前社会经济发展水平不高的状况,排球竞赛欣赏成为一种重要的社会健康娱乐流行趋势,在此社会背景下,更多的人开始投入排球健身娱乐活动中去,排球运动娱乐性再度兴起。

随着娱乐排球的持续不断发展。排球运动形式越来越丰富,形成了多元化的排球运动内容体系,各种排球运动形式,如沙滩排球、软式排球、气排球、妈妈排球等,受到了不同运动健身人群的喜爱(图 1-1)。

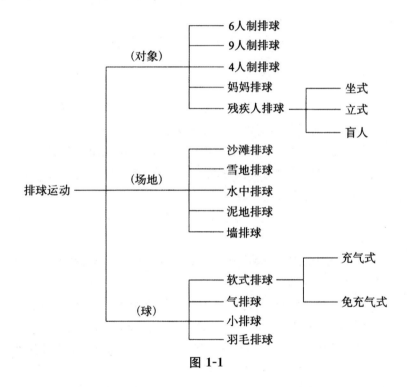

图 1-1

现阶段,随着排球运动的不断发展,新的排球玩法不断出现,在国际排联的提倡下,增设了雪地排球,在 2018 年平昌奥运会上,雪地排球就作为表演项目参与其中,未来,雪地排球有望进入奥运会正式比赛项目,而雪地排球也为有较长雪季的国家和地区的人参与排球运动提供了一种新选择。

（二）中国排球运动的发展

1. 排球运动的初传入

20 世纪初，排球运动在我国的广州南武中学和香港皇仁书院开始流行起来，这一时期人们初次对排球这项运动有了大致的认识与了解。

1913 年，我国首次参加了菲律宾第 1 届远东运动会排球赛，赛后，排球运动正式在我国得到了迅速的推广与发展。

1914 年和 1924 年男子排球、女子排球相继成为全国运动会的正式比赛项目。

1930 年，中华全国体育协进会将"队球"改称"排球"，沿用至今。

2. 排球赛事曲折发展

排球运动传入我国后，先后经历了 16 人制、12 人制、9 人制、6 人制等赛制变化，这些赛制的变化是随着具体的国情而变化的。

中华人民共和国成立后，我国积极参加国际排联组织的各种比赛，加强了与世界排球强国的交流与联系，学习了他们先进的排球经验，促进了我国排球运动的快速发展。

20 世纪 50 年代，我国排球一方面抓普及，一方面抓提高，迅速将 6 人制排球运动推上了新的阶段。

1953 年，中国排球协会成立，1954 年 1 月 11 日，国际排联正式接纳我国排协为正式会员。

1957 年开始，在全国排球竞赛中实行等级制度，在全国性竞赛活动的影响下，各大、中城市积极开展各具特色的排球竞赛活动。

20 世纪 50 年代后，我国的排球运动发展受当时历史因素的制约和影响，其发展水平整体上来看是下降的。

20 世纪 60 年代前后，我国各省市根据自己的特点，形成了各自不同风格的技战术打法。

受历史因素影响，排球运动的发展受到了严重的干扰，特殊历史时期技术水平下降，运动队伍青黄不接。我国与世界强队之间缩小了的距离又被拉大。

3. 排球运动的重新振兴与崛起

1972年,国内开始恢复体育比赛,同年,经国家体育部门的商讨,建立了排球训练基地,开始集中力量培养高水平的排球运动员。

1976年,我国重新组建了国家男女排球队。

1979年,我国男女排在亚洲锦标赛中双双获得冠军,从此中国排球开始冲出亚洲,走向世界。

1981年,中国男女排球队再次双双获得世界杯亚洲预选赛的冠军。1981年11月,我国女排在日本第3届世界杯赛中,首次荣获世界冠军。

1981年至1986年间,我国女排创造了影响世界的"五连冠"成绩,中国女排成为世界最高水平的排球运动的代表。女排的胜利实现了中国排球"冲出亚洲,走向世界"的愿望,振奋了中华民族精神,开创了我国排球发展新纪元。

20世纪80年代,受长期以来举国体制的影响,中国男女排出现了成绩下滑的局面,为改变困局,我国国家体委积极总结经验教训,不断改进训练。

2003年,中国女排夺取了17年来第一个世界大赛冠军。2004年,中国女排在雅典奥运会上夺得了阔别20年之久的奥运冠军。2015年,中国女排又夺得世界杯冠军,2016年夺得巴西里约奥运会冠军,中国女排再回世界巅峰。

4. 我国其他形式的排球运动的发展

(1)沙滩排球:沙滩排球在我国起步较晚,但经过一段时间的发展其运动水平也日益提高。1994年,我国举办首届全国沙滩排球比赛,每年举办一次。2008年北京奥运会上,我国田佳/王洁获得银牌,极大地刺激了我国沙滩排球运动的发展。

(2)软式排球:软式排球于20世纪90年代传入我国,经过推广,软式排球在我国一些城市比较流行,是人们在休闲之余经常参加的重要健身运动项目。

(3)妈妈排球:20世纪80年代,通过媒体的宣传和推广,妈妈排球传入我国并得到了一定的发展,对促进特殊人群的身心健康发展、丰富这些人的业余排球运动文化生活具有重要促进作用。

(4)气排球:气排球是诞生在我国铁路系统的职工体育运动项目,在早期极大地丰富了铁路职工的业余文体生活,之后在大众间广泛流传开来,成为深受老年人群十分喜爱的排球运动形式。

(5)小排球、4人排球、9人排球:适合中小学生或者青少年参与,其运动负荷可以根据参与者的体能状况合理调整,可促进青少年学生群体的健康成长发育。

第二节　排球运动的特点与价值

一、排球运动的特点

(一)基础广泛

排球运动是全世界范围内的大球类运动,在竞技领域和健身领域均有广泛的人群基础,在大众健身领域更是因其独特的运动特点与魅力,而吸引了众多体育运动爱好者。

排球运动群体基础广泛,原因主要有如下几个。

(1)排球运动对场地的要求不是很高,室内或室外;在地板、沙地、草地上,都可以设置排球运动场地,只要有宽敞的空间即可。

(2)排球运动比赛规则较为简单,在平时的排球健身中,人们可以约定排球规则,参加排球运动的人数比较灵活,可多可少。

(3)排球运动开展灵活,可进行游戏可开展比赛,可进行排球运动健身也可针对某一战术实施攻打配合,也可根据自身条件合理调整运动负荷,以避免运动损伤。

(4)人们可以根据自己爱好和兴趣自由选择各种形式的排球运动,如软式排球、气排球等。

排球运动基础广泛,目前排球作为世界三大球之一,拥有世界上较多的体育运动参与人口,是许多体育运动项目所不能比拟的。

(二)形式多样

排球运动可以说是球类运动中具有最多运动形式的项目了,结合运动场地的不同,排球运动有多种运动形式,在各种场地(地板、沙地、草地、水中以及室内、室外都可以进行)。

此外,结合排球运动中球的特点、不同人群参与,排球运动形式也丰富多样(如有6人制排球、沙滩排球、软式排球、墙排球、气排球、妈妈排球、盲人排球、坐式排球等,内容十分丰富。

(三)技术特点

1. 技术要求全面

排球运动中,各运动员都应掌握全面的击球技术,以便于能在场地上适应不同场区和位置的变换,以更好地适应运动、融入比赛。

在一场排球比赛中,夺取一分往往需要六七个回合的交锋。比赛水平越高,对抗性就越强。也正是由于排球运动激烈的对抗性,它对于运动员具有较高的运动要求,要求运动员必须掌握全面的技术。

2. 空中击球

只要是参加排球比赛,都必须要击空中的球。从排球运动的最初的命名上"Volleyball"(意即"空中连续击球"),也能明确知道排球运动的特点。

3. 任何部位均可击球

纵观各个球类运动项目,几乎所有的球类运动都对触球时的身体部位作了限制,即明确规定了合法触球部位,但排球竞赛规则比较特殊,运动员可以利用自己身体的任何部位触球。因此,参与排球运动能使人的各项技能充分表现出来,从而提升身体综合素质。

4. 触球时间短

排球运动比赛对运动者的击球有着明确的规定,不允许击球者在击球部位停留过长时间,这样的排球规则能有效促进参与者判断能力的发展和提高,注重运动参与过程中排球运动者对预定目标的控制能力。

排球比赛中击球时间短暂、空间多变,使得排球运动需要高超技巧。

5. 攻防两重性

排球是一项注重网上对抗的运动项目,强调对时间和空间的争夺,排球比赛注重攻守对抗,充分体现出排球攻防技术的重要性。

排球运动比赛中,多种技术可以得分,也可能失分,技术是否影响关键得分在决胜局比赛中更加突出。可以说,攻与守是贯彻于整个排球比赛过程中的,这就要求排球运动员必须熟练掌握排球基本功,并全面培养和提高自己的技战术能力。

因此,在排球运动中,每项技术都具有攻防的两重性,要想在排球运动比赛中使排球运动技术真正发挥进攻和防守的功效,就需要在技术实施之前和实施过程中抓住技术应用的攻防性和准确性。

(四)战术特点

1. 集体配合严密

排球比赛是集体比赛项目,除发球外,每一项技战术都是在集体配合中进行的。

在排球比赛中,双方队员都有 3 次击球机会,运动员会抓住每一次机会做好彼此间的密切配合,只有配合得当才能完成高质量的攻防转换,这能有效培养运动者的战术意识、配合意识和团队协作能力。

在排球运动比赛中,不同的队员之间需要相互配合,才能将球高效击球过网,并对对方造成较大威胁,有助于在运动过程中掌握比赛主动权。排球比赛中,队员的每一次行动都应从全局角度出发,与同伴协同配合,发挥团队精神。

2. 攻防转换频繁

排球运动中,球在空中来回移动,每一次的击球过网,击球的质量和过网的情况都可能转化场上的赛况,可能从进攻转入防守,也可能从防守转入进攻,或者直接得分或失分。在排球比赛中,攻防的转换是十分频繁的,要求运动员必须具备高度的注意力和场上应变能力,能随时做好救球准备和击球得分准备。

二、排球运动的价值

(一)健身价值

实践证明,排球运动能改善人体中枢神经系统和内脏器官的功能状况,参与排球运动,可全面地锻炼人的力量、速度、耐力、灵敏度等身体素质,具有良好的强身健体价值。

1. 改善身体机能

排球运动实践表明,经常参加排球运动,有助于促进人体的各系统和器官功能的机能的提高。

就人体中枢神经系统来说,中枢神经系统在人体日常生理活动和运动参与过程中发挥着重要的作用。如果人体缺少神经系统,则就不能完成思考、活动。排球运动学练过程中,各种动作的完成,即便是最简单的模仿,也需要经过神经系统的思维活动、信号传导来调动身体运动部位活动来完成动作,一些辅助的动作更是需要大脑的思考。排球运动中,运动者对场上人物关系的判断、对队员移动站位的判断、对对方技战术的分析和来球的判断等,都需要中枢神经系统积极工作,经常参加排球运动有助于提高运动者的中枢神经系统的工作经验和工作效率。

就人体的心肺系统来说,经常参加运动可提高心肺系统工作效率,使心肺系统的各器官强健、有力、壮大,参与排球运动也不例外。心肺系统在人体参与排球运动过程中承担着为机体运动提供血氧营养的重要系统,运动状态下的机体和安静状态下的机体,二者的血氧需求是不同的。排球运动参与需要运动者消耗大量的能量,为满足机体运动需要,心脏和呼吸器官的工作效率必须不断提高,如此才能不断促进机体的血液循环,有利于周身血液供应,就可以为机体参与排球运动提供更多的血氧、营养物质、能量,因此,经常参加排球运动,可令运动者的心肺系统提高工作能力,也可有效提高运动者的心肺系统的机能水平。

就人体的运动系统来说,参与排球运动健身,只要科学控制运动健身量,并遵循科学的运动训练方法就能促进包括肌肉、骨骼、关节在内的运动系统的良好发展。机体只要参与运动就需要肌肉工作,排球运动参与可不断增加肌肉的工作能力、改变肌肉的结构与形态、改变肌肉机能；排球运动学练可促进骨骼生长发育,减缓骨骼的衰老,使骨骼变得比不运动的人的骨骼更加强健,并可有效提高骨骼的抗冲击能力、伤后修复能力；排球运动对人体的关节灵活性的提高具有重要的促进作用,同时,对于关节周围的韧带的灵活性增加也有重要的促进作用。排球运动最初是为丰富中老年人健身活动而发明创造的,老年人参与排球运动健身可有效促进骨骼的强健,使老年人不容易骨折、关节更灵活,可令中老年人的运动系统,包括骨骼变得更加坚硬和坚固。

2. 提高身体素质

排球运动参与对于人体力量、速度、耐力等素质的发展和提高也具有重要的作用。排球运动涉及跑、跳、投等诸多动作,在比赛中,这些动作的转换非常迅速,这能有效提高人体神经中枢的灵活性,促进人体中枢神经系统的发展。

排球运动中,运动者的注意力集中在对球的观察、对球与人的关系观察与处理中,脚下的动作都要为处理球、处理球与人的关系做准备,排球运动员在运动过程中积极移动,单脚、双脚的重心多次不断变化,这种长时间、多样化的移动步法和下肢、身体姿态练习对于个人的平衡能力具有良好的锻炼价值。

此外,现代排球运动在时间和空间上的争夺日益激烈,排球的空中击球,触球时间短、空中变化形式多,对于人体感受器官功能的提高具有非常重要的作用。

综上所述,经常参加排球运动锻炼能全面发展人的身体素质。

3. 增强身体抵抗力

身体抵抗力的提高是一个系统的、综合性的过程,身体组织结构与形态、身体素质、身体机能等各方面的发展最终可促进个体的身体抵抗力的提高,任何一个方面不能得到有效发展,都会导致身体处于亚健康或疾病状态。

排球运动的健身价值决定了排球运动具有重要的增强运动者的身体抵抗力的重要运动价值。

积极参与排球运动,各种运动内容和形式都充分考虑了运动者的身体的良性发展,对于运动者的良好身体素质发展、身体机能发展等都具有重要促进作用,这些影响人体健康的各因素的提高,可以令身体更加强健,身体各项素质、机能的提高,能使得机体更好地应对内部和外部的环境,更好地抵御不良因素(如过敏原、病毒等)入侵;可以实现身体的强壮、强健,不容易受到疾病的侵害,使机体保持健康状态。

(二)健心价值

1. 解压放松

排球运动是一种健康积极的体育活动形式,参与排球运动学练,可获得运动快乐。

参与排球运动,不仅可以令无异常心理的人更加兴奋、快乐,还可以使运动者缓解和消除日常学习、工作、生活中的压力。

研究证实,运动可消除个体的不良情绪和感受。排球运动参与可令心情不愉快的人排解不良的情绪。现代社会中的人,总会面临来自生活、学习、工作等各方面的压力,排球运动中有挑战、有竞争,对身心能量是一种良好的激发与释放,可以使运动者的内在情绪得到抒发。

排球运动充满着激情与活力,无论是参与者还是观赏者,都可以得到身心的自由享受和审美快感,从而使其富于激情、充满活力,进而使得整个心理状态和情绪向良好的状态发展。能使人们工作学习之余放松身心、消遣娱乐,进而达到一种摆脱身心压力,保持身心轻松愉悦的状态。

2. 改善心理素质

参加排球比赛的过程中,运动员的情绪是处于不断变化之中的,这对于提升人的心理素质具有非常重要的作用。

排球比赛竞争十分激烈,非常注重场上时间和空间的争夺与对抗,比赛形势往往变幻莫测,经常会出现突发状况,这就要求运动员必须在遇到突发状况时具备快速阅读比赛和处理紧急问题的能力。

参与排球运动,即使不是参加专业运动比赛的运动员,一般的运动者也会在排球运动中体验到各种各样的情绪体验,不同的情绪体验对运动者的心理素质是一种很好的锻炼,例如,在比赛过程中遇到比分落后时,学会沉着冷静;在连续失误中如何调整节奏、抓住机遇、反败为胜；在各种复杂的人、球关系变化中如何调整情绪状态与同伴默契配合，这些丰富的运动经验对于排球运动者的心理素质是一种良好的锻炼。

3. 培养良好意志品质

从运动者刚开始接触和参与排球运动来说，排球运动技术非常容易掌握，但是要做到标准的技术动作并能在运动比赛环境中准确应用，则需要付出很多的艰辛努力。排球运动中的击球技术练习对运动者的手臂前臂的冲击很大，有很多人带着极大的兴趣和一腔热血去参与排球运动，却有很大一部分人忍受不了反复击球的疼痛而中途放弃。

一个能长期坚持排球运动参与的人，必然要经过许多艰苦的训练，在运动参与过程中能磨炼个人的良好意志品质。

4. 增强信息意识

排球运动中，场上两队在场地两边分布，运动员和球始终处于不断的时间和空间运动之中，运动者要想跟上运动节奏，就必须要注意观察场上的各种信息，并及时处理这些信息，如此才能及时做出决定并正确行动，才能始终掌握场上的比赛主动权，因此说，运动者对场上信息的把握数量、质量多少，在一定程度上决定着排球比赛的胜负。因此，在比赛过程中，运动员必须时刻保持注意力，认真观察场上的形势，丰富的排球运动参与经验和经历，可以使运动者始终保持准确与及时捕捉信息的能力。

5. 培养集体精神

排球运动是一种集体参与的健身健美运动，排球运动的过程中，需要同伴之间的积极配合与共同努力，才能最大限度地发挥集体智慧的力量，才能获取良好比赛成绩。

在排球比赛中，运动者必须要随时做好准备去接对方击来的球或者去给队友补位接球，从而为下一次击球创造机会。排球运动中，运动员之间的技术、战术配合，需要建立在队员彼此信任、配合默契的基础之上，如此，才能获得良好的运动效果，是一种集体努力的结果，能给运动参与者带来集体荣誉感。

（三）社会价值

1. 提高国民体质

当前，排球运动是大众健身的重要健身运动项目，呼吁广大人民群众积极参与排球运动健身娱乐活动，有助于增强人民体质、促进国民通过运动关注和保持健康。

现阶段，排球运动以其独特的运动特点吸引了越来越多的人的关注和参与，排球运动形式多样，如气排球、妈妈排球、沙滩排球等，各具特色与运动魅力，排球运动参与适合男女老少，可有效促进全民健身的开展。

2. 丰富大众社会文化生活

排球运动参与可促进人民群众的身体、心理、社会等多方面的健康发展。排球活动的推广、普及、参与，有利于增强人民的体质。排球活动的日常参与，能很好地改善个体的身体素质、生理机能、各器官和系统功能，有助于健身、健心价值，排球运动是一种健康的运动健身、娱乐和休闲方式，能极大地丰富社会大众业余文化生活。

3. 提升民族凝聚力

排球运动对于我国具有不一样的民族精神文化建设意义，中国女排精神是民族拼搏精神的重要表现。排球运动在我国有着较大的影响力，中国女排曾经对国人的精神产生过较大的影响。

女排精神产生于 20 世纪 80 年代，女排精神的诞生有其特定的社会根源，中国女排的"五连冠"对国人产生了极为深远的影响，女排精神一直激励着一代代国人奋勇前进。在国人心中，中国女排精神对促进社会的发展也产生了重要的作用。

当前，我国进入社会主义建设新时期，女排精神激发着人们的爱国情怀，激发着人们建设中国特色社会主义的信心，2016 年里约赛场上，迎难而上，逆境重生，新时代，女排精神具有了新的时代意义，女排精神是一种可传承的体育精神，更是一种融入了爱国主义的民族精神。[①] 女

---

① 杨静文．中国精神视域下的女排精神研究[D]．西安交通大学硕士论文，2018.

排精神发展到新时代的中国,"与时代共同进步,显现出强大时代精神的号召力。"①当前新时期,女排精神激励着中华民族的集体感、自豪感、文化信心与继续拼搏的信心。

第三节 排球运动组织与重大赛事

一、排球运动重要组织

(一)国际排联(FIVB)

国际排联,是国际排球联合会的简称(Federation Internationale de Volleyball,FIVB),于 1947 年在巴黎成立。现有成员 220 个(截至 2018 年 12 月)。国际排联的新图标(2010 年更新)如图 1-2 所示。

图 1-2

1952 年,国际排联主持举办了第 1 届世界女子排球锦标赛。此后多次开创具有世界影响力的排球运动赛事。

中国体育界声望最高的元老之———魏继中接替在位 24 年的原主席阿科斯塔,成为国际排联第三任主席(2008—2012),魏继中卸任后,阿里·格拉萨(巴西)担任第四任排联主席。

国际排联在推动竞技排球运动发展方面发挥了重要的贡献,国际排联的室内排球运动赛事具体如表 1-1 所示。

---

① 杨捷. 当代"女排精神"研究[D]. 河北师范大学,2010.

表 1-1　国际排联室内排球运动赛事(成人)

赛事名称	首届赛事举办年份	赛事周期
奥运会排球赛	1964	四年
世界男子排球锦标赛	1949	四年
世界女子排球锦标赛	1952	四年
男排世界杯	1965	四年
女排世界杯	1973	四年
大冠军杯	1993	四年
世界男排联赛	1990	每年
世界女排大奖赛	1993	每年
世界男排俱乐部锦标赛	1989	每年
世界女排俱乐部锦标赛	1991	每年

(二)亚洲排球联合会(AVC)

亚洲排球联合会(Asian Volleyball Confederation,AVC)成立于1964年,其主要致力于发展亚洲地区的排球运动,并加强和发展各会员协会之间的合作,促进亚洲排球运动赛事的顺利开展。

(三)中国排球协会(CVA)

中国排球协会(Chinese Volleyball Association,CVA)成立于1953年,是国际排球联合会的会员,也是亚洲排球联合会的会员。中国排球协会的会标如图1-3所示。

中国排球协会作为中国官方与世界排球运动组织和政府进行密切联系的排球运动组织,在推动中国排球运动发展、亚洲排球运动发展、世界排球运动发展方面发挥了重要的作用,对于排球运动的竞技、群众健身普及与推广做了许多工作。

图 1-3

当前,中国排球协会的业务内容主要包括如下范围。

(1)开展全国性群众排球活动。

(2)举办全国性排球运动赛事,提高我国排球运动竞技水平。

(3)加强与国际排球运动组织、赛事、活动协会的联系,促进国际间排球运动的发展。

(4)发现和培养优秀的排球运动人才。

(5)对排球运动员、教练员进行等级评定。

(6)领导、检查国内各种排球活动。

(7)制订、修订排球运动竞赛规则、排球裁判法。

(8)组织排球裁判员、运动员的培训、训练。

(9)审批国家级裁判员,申报国际裁判。

二、排球运动重大赛事

(一)国际排球运动赛事

1. 世界排球锦标赛

世界排球锦标赛是世界上开展最早,也是世界上目前规模最大的排球运动赛事,该赛事由世界排球联合会主办,每 4 年举行一届。

1949 年,第 1 届世界排球男子锦标赛在布拉格举办。

1952 年,第 1 届世界女子锦标赛在莫斯科举办。

截至2018年,世界排球锦标赛已经成功举办了男子19届,女子18届(表1-2、表1-3)。

表1-2　历届世界男子排球锦标赛

年份	举办国	冠军
1949	捷克斯洛伐克	苏联
1952	苏联	苏联
1956	法国	捷克斯洛伐克
1960	巴西	苏联
1962	苏联	苏联
1966	捷克斯洛伐克	捷克斯洛伐克
1970	保加利亚	德国
1974	墨西哥	波兰
1978	意大利	苏联
1982	阿根廷	苏联
1986	法国	美国
1990	巴西	意大利
1994	希腊	意大利
1998	日本	意大利
2002	阿根廷	巴西
2006	日本	巴西
2010	意大利	巴西
2014	波兰	波兰
2018	意大利—保加利亚	波兰

表 1-3 历届世界女子排球锦标赛

年份	举办地	冠军
1952	苏联	苏联
1956	法国	苏联
1960	巴西	苏联
1962	苏联	日本
1967	日本	日本
1970	保加利亚	苏联
1974	墨西哥	日本
1978	苏联	古巴
1982	秘鲁	中国
1986	捷克斯洛伐克	中国
1990	中国	苏联
1994	巴西	古巴
1998	日本	古巴
2002	德国	意大利
2006	日本	俄罗斯
2010	日本	俄罗斯
2014	意大利	美国
2018	日本	塞尔维亚

2. 世界杯排球赛

世界杯排球赛属于国际性的排球比赛,每 4 年举办一次。1965 年,第 1 届排球世界杯在波兰华沙举行,当时,只允许男子参赛。

1973 年,世界杯排球赛事才有了女子项目。

1991 年,世界杯赛改为在奥运会的前一年举行,被视为奥运会的资格赛,按照规定,比赛的前三名可参加奥运会比赛。

3. 奥运会排球赛

奥运会排球赛是具有世界级水平的重要的排球运动赛事,每 4 年举行一次。

1964 年,在第 18 届奥运会上,首次增设排球比赛项目。

奥运会排球赛在世界范围内具有广泛的影响,是非专业的排球运动者最为关注的排球运动赛事,是具有最为广泛的观众基础的排球运动赛事。排球运动员在奥运赛场上取得的运动成绩也最受瞩目。

截至 2016 年里约奥运会,奥运会排球运动比赛已经成功地举办了 14 届(表 1-4)。

表 1-4　历届奥运会排球运动比赛

年份	举办地	男子冠军	女子冠军
1964	东京	苏联	日本
1968	墨西哥城	苏联	苏联
1972	慕尼黑	日本	苏联
1976	蒙特利尔	波兰	日本
1980	莫斯科	苏联	苏联
1984	洛杉矶	美国	中国
1988	首尔	美国	苏联
1992	巴塞罗那	巴西	古巴
1996	亚特兰大	荷兰	古巴
2000	悉尼	南斯拉夫	古巴
2004	雅典	巴西	中国
2008	北京	美国	巴西
2012	伦敦	俄罗斯	巴西
2016	里约热内卢	巴西	中国

4. 世界女排大奖赛

世界女子排球运动水平要比男子排球运动水平好一些,女子排球运动一直是各国都非常重视的竞技体育运动项目。

在国际排联的支持下,1973 年,世界女排大奖赛首次举办,为女子排球运动员更多地参加世界级比赛提供了选择。现阶段,随着各国女子排球运动的不断发展,世界女排大奖赛的水平越来越高,因此也越来越受到关注,赞助世界女排大奖赛的奖金金额也越来越高,进一步扩大了世界女排大奖赛的国际影响。

(二)国内排球运动赛事

1. 全国排球联赛

全国排球联赛是我国开展较早的重要比赛,始于 1956 年。联赛分成四个阶段,具体如下。

第一阶段:分 ABC 共 3 个组进行,名次靠前上升组别,否则下降组别。

第二阶段:与第一阶段比赛办法类似。

第三阶段:产生前 8 名和跌入保级战的后 4 名球队。

第四阶段:第 1~4 名通过交叉赛决出最终名次。

2. 全国排球锦标赛

全国排球锦标赛是重要全国性排球比赛,仅次于甲级联赛,1980 年以前,不定期举办,1980 年后,每年举办一届。

3. 全运会排球赛

全运会排球赛,全称为中华人民共和国全国运动会排球比赛,每 4 年举办一次,分预赛和决赛两个阶段进行。

排球运动是我国竞技体育运动中的一个重点发展的运动项目,目前,我国女子排球运动的竞技水平处于世界领先地位,我国男子排球运动的竞技运动水平还有待提高,我国不同类型的排球运动赛事为排球运动员积极参赛、增加比赛经验奠定了基础,同时,我国也积极组织运动员参加各种世界排球运动赛事,并支持运动员参加国外集训,以不断提高我国排球运动的竞技水平。

第二章　高校排球运动教学及创新发展

　　排球是高校体育教学的重要体育教学项目，是重要的球类教学内容，但是和其他高校球类运动教学相比，排球运动教学的理论教学和实践教学均存在许多的不足，存在诸如排球教学的选课率不高、大学生的排球运动参与积极性较低、高校排球运动校园文化建设不健全等问题。本章重点就当前高校排球运动教学的相关内容进行系统、深入分析，通过详细剖析高校排球运动教学现状、困境，为新时期高校排球运动教学的改革与发展出路提供了科学化建议，并为现阶段高校大学生排球联赛和多元排球文化形态在高校的开展进行了战略发展分析，以为新时代高校排球运动教学创新发展提供科学化、战略化、可行性策略。

第一节　高校排球运动教学目标与任务

一、高校排球运动教学目标

　　在体育教学中，教学目标是教学活动开展的重要依据，高校排球运动教学中，教学目标在整个排球运动教学系统中都处于非常重要的地位，在排球运动体育教学体系的构建中，教学目标是重要参考依据，整个排球运动体系的构建都要围绕体育教学目标来进行，所有的教学活动的开展，应为排球教学目标的实现服务。

　　排球运动教学目标是由学校体育目标、排球运动教学总目标、排球运动教学单元目标、排球运动教学课时目标组成的，它们具有递进关系。各个下属目标都是其上位目标的具体化，从而形成了一个完整的体系。

现阶段,结合高校排球运动教学的目标类型,可以从以下三个方面来探讨高校排球运动教学目标的实现。

(一)高校排球教学认知目标

促进认知发展是高校体育教学的一个重要教学目标,高校排球运动教学也应该为促进高校大学生的认知能力的发展而制订相应认知性教学目标。

体育运动教学根据个体的认知规律,将按照从简单到复杂的顺序分为知识、领会、运用、分析、综合、评价六个层次。[①] 结合该体育教学认知达成目标层次划分,排球运动教学中认知领域的教学目标如表 2-1 所示。

表 2-1　认知领域的教学目标分类

认知层次	教学目标举例
1. 知识	知道排球运动的运动术语、基本概念、专业名词
2. 领会	理解排球技术动作要领 掌握排球运动的起源与发展历程 了解排球运动的基础运动学科有关知识 将排球运动有关知识从一种形式转换成另一种形式
3. 应用	应用排球运动技术、战术概念及运动原理于排球运动实际 应用运动定律及学说于排球实际运动情况
4. 分析	评鉴资料的相关性,分析一项作品的组成结构
5. 综合	写出一组完善的动作要领
6. 评价	运用内在材料(排球运动技能标准)评判所学内容的价值 运用外在标准(如生理、生化指标)评判所学内容的价值

---

① 龚坚. 现代体育教学论[M]. 重庆:西南师范大学出版社,2009.

（二）情感领域分类

运动可促进个体的情感、情商的发展，在排球运动教学中，教师可以通过组织丰富多彩的排球实践活动和文化活动来促进大学生的情感发展。

结合体育教学中的运动心理学对个体运动情感领域的认知的层次划分，排球运动教学中情感领域的教学目标，按照价值内化的程度可分为接受、反应、价值评价、组织、由价值或价值符合体形成的个性化五个层次（表2-2）。

表 2-2 情感领域的教学目标分类

层次	一般目标举例
1. 接受	注意教学中认真听讲 显示已了解学习的重要 显示对排球运动锻炼的敏感性并参与排球活动
2. 反应	完成规定的排球运动体能、技能练习 遵守学校体育教学与训练的活动规则 参与课上讨论 显示对体育课的兴趣
3. 价值评价	欣赏健康体育 充分认知排球运动参与的重要价值与地位 能在日常生活中通过排球运动锻炼解决体质健康，明确排球运动锻炼态度
4. 组织	承认解决问题系统规则的重要 接受自身行为的责任 了解并认知自身参与排球运动的能力及限度 形成一个与自身能力和兴趣信仰相协调的排球运动参与计划
5. 由价值或价值符合体形成的个性化	表现具备良好的思想品德 显示在独立完成排球运动技术动作时的自信心 实践在排球活动中的团体合作态度 保持良好健康的运动习惯

（三）动作技能分类

运动技能是排球运动教学中最重要的一部分内容，也是一直以来排球运动教学中教师都非常关注的教学目标，排球运动教学中动作技能领域的教学目标，分为知觉、定势、指导下的反应、机制、复杂的外显反应、适应、创作七个层次（表 2-3）。

表 2-3　动作技能领域的教学目标分类

层次	一般目标举例
1. 知觉	口述排球活动中所使用到的运动器械各部分名称 复诵排球运动技术动作的要领
2. 定势	评量身体的起始动作调查反应的意愿
3. 指导下的反应	描述所观察教师的示范动作 正确模仿教师的排球技术动作
4. 机制	正确、熟练地做出技术动作，形成正确的排球运动技术动作定型
5. 复杂的外显反应	能完成精确的排球技术动作 能演示复杂的排球技术动作 完成一套连贯的排球技术动作
6. 适应	迅速有效地掌握新技术动作 根据已知能力或技术组织新的排球技术动作及其组合运用
7. 创作	改良动作技术 发现新的排球运动学练方法 创造新的排球运动学练方法

二、高校排球运动教学任务

（一）丰富大学生排球知识

高校排球运动教学中，组织学生学习排球运动基础性理论知识是排球运动教学的基本教学活动,教师的基本教学任务是有计划地传授给高校大学生排球知识,使学生掌握排球基础知识,了解排球运动文化。

在高校排球运动教学的整个教育教学系统中,学习排球理论知识是学生认识排球、了解排球的重要基础,教师应把排球运动相关知识引入到教学中去,通过开展排球理论课教学来实现"丰富学生排球知识"的排球教学任务。

高校排球教学中,大学生应掌握以下排球知识。

(1)建立排球技术动作的正确概念。

(2)掌握排球技术动作的技术原理。

(3)掌握排球技术动作学练的一般性特点与规律。

(4)掌握排球运动技术与排球战术的关系。

(5)知道不同的排球运动战术的适用的运动情况。

(6)学会提高排球专项身体素质的理论与方法。

(7)增强自我保健意识,了解排球运动中的自我保健常识。

(二)提高大学生排球技能

排球运动技能是排球运动教学的重要教学内容,在高校排球教学中,教师应传授学生排球技术与技能,提高学生对排球技术与技能的应用能力,"教授学生排球技能"的教学任务是高校排球教学中教师和学生需要完成的重要的教学任务。

在高校排球教学中,教师应结合排球教学的大纲确定教学内容,结合教学内容中的排球具体技术教学,通过课堂教学,科学、全面、系统讲解排球理论知识,指导学生在熟练掌握排球基础知识的基础上来学习排球技术动作。通过排球实践课的教学,切实提高学生的排球实操技能,使学生熟练掌握排球运动的技术动作,不断提高学生的排球技能水平。

高校排球教学中,大学生应掌握和提高以下排球技能。

(1)掌握排球技术动作要领。

(2)掌握排球技术动作技术细节。

(3)掌握排球运动后针对不同的运动疲劳的科学恢复方法。

(4)熟练掌握不同类型的排球技术动作。

(5)纠正排球技术动作学练过程中的错误的身体动作。

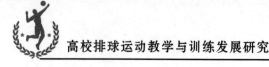

(6)增强排球专项体能素质。

(7)提高排球学练中的训练方法的科学性、与学生个体特点相符。

(8)增强排球运动的战术组织与实施能力。

(9)增强排球运动的战术合作能力。

(三)发展大学生身体素质

排球运动教学旨在促进学生的身心素质的全面发展与提高,发展学生的身体素质是高校排球运动教学的一个重要而基本的教学任务。

通过高校排球运动教学,应促进学生的身体素质的全面发展,身体素质在排球运动训练中发挥着重要作用,排球运动技能学练过程中,学生对排球技术动作的力度、速度、幅度、高度、协调性等的准确把握,都需要有良好的身体素质。参与排球运动,尤其是专业排球学练,需要学生具备一定的身体素质基础,才能完成特定的排球技术动作。排球运动体能发展随着排球运动教学的深入应不断加深,不断增强学生的生理机能、提高学生的一般性身体素质。

此外,通过高校排球运动教学,还应该注重大学生参与排球运动的专项体能素质的发展,对于高校大学生排球运动员来讲,还要在排球运动教学中对排球运动员的专项身体素质发展提出更高的要求。重视发展学生身体素质,发展大学生排球运动员的专项身体素质是排球教学的一个重要教学任务。

高校排球教学中,应促进大学生的以下身体素质发展。

(1)发展大学生参与排球运动的一般身体素质。

(2)发展大学生从事排球运动的专项身体素质。

(3)对大学生排球运动员来说,应对其排球专项身体素质发展提出更高的要求。

(四)培养大学生健康心理

排球运动具有良好的健心价值,促进学生心理健康发展不仅是排球教学的重要功能,也是排球教学的重要教学任务。

在高校排球教学中,教师应重视将培养学生良好的思想道德品质纳入排球教学课程中去,促进学生形成健康心理,具体如下。

（1）让大学生积极参与排球运动，体会排球运动的乐趣。

（2）通过排球教学减轻学生心理压力和精神焦虑，使学生保持健康向上、积极乐观的健康心理和心态，并将这种良好心态扩大到日常生活、学习中。

（3）培养学生的良好意志品质和良好性格特征。

（4）培养学生遵守纪律，团结合作，积极进取、乐观向上的正确的体育价值观。

（5）培养学生朝气蓬勃的体育道德观。

（6）领会与体悟"女排精神"，培养学生民族自豪感、提高学生的集体主义精神。

（五）提高大学生的社会适应能力

排球教学有助于促进学生交际、交往，使学生学会团结协作，有助于提高学生的社会适应能力，这符合现代排球运动教学的素质教育要求和特点。

排球运动教学要求教师应完成如下促进大学生发展的社会性教学任务。

1. 增强大学生的竞争意识

高校大学生应具备一定的竞争意识，不断积极进取，以便在毕业进入社会后能保持良好的竞争意识，面对当前社会复杂的社会竞争。

此外，在培养大学生竞争意识的同时，应将争取的竞争观念灌输给学生，让大学生不畏竞争，在竞争面前努力提升自己，不要采取不正当竞争行为。

2. 培养大学生的合作精神

现代社会竞争日益激烈，个人竞争势单力薄，这就关系到对合作的认知，学会通过团体合作提高集体竞争力，对大学生进入社会后获得良好的发展是非常有利的。基于此，应通过排球教学，培养学生的团结协作精神。具体来说，在集体性排球运动学练和表演过程中，不同的排球学练者需要通过与同伴的默契配合来进行，因此，在排球学练中，教师应注意培养学生的集体协作精神。

3. 提高大学生的社会应用和实践能力

参与排球运动,有助于提高学生的知识探索和学习意识,以及排球参与意识,有助于学生的德智体全面发展。需要特别提出的是,这种排球能力、排球习惯并非靠单纯机体训练和对抗就能完成,还需要理论知识引导,更需要科学的排球运动理论作指导。

高校排球教学中,应重视大学生的以下几方面能力的促进。

(1)良好的语言(口语、肢体语言)表达能力。

(2)排球活动参与、配合能力。

(3)排球运动组织能力。

(4)分析问题和解决问题的能力。

(5)自我评价和相互评价的能力。

(6)对体育运动美的鉴赏能力。

(7)灵活应变的能力。

(8)提高自学能力和创造力。

4. 提高大学生的社交能力

首先,培养和提高大学生的沟通能力。在集体性排球项目学练中,参与排球活动的学生必须经过交流并最终达成一致意见才能顺利地进行排球活动。在排球教学中,教师应注重学生的沟通能力的培养与提高。

其次,引导学生正确处理人际关系。人具有社会属性,人的活动离不开社会环境和与社会中其他人的交流与交往。人际交往是现代社会生存和发展的重要基础,学会交往是个体适应适合社会的重要前提。排球教学中,教师应引导学生与同伴、与对手、与教练(教师)、与场外人员等各种角色的人正确交往,建立和谐人际关系,教会学生正确协调和处理各种人际关系。

此外,要通过排球运动教学,使大学生学会正确认知和处理个人与集体、个人与国家的利益关系。

(六)提高学生的审美和创造美的能力

1. 提高学生的审美能力

体育运动具有美育价值,排球运动也不例外,通过排球运动参与可以有效提高个人的对美的感知力、欣赏力、创造力。

排球运动具有重要的美育教育价值,通过排球教学,应提高学生的审美能力,包括对排球的动作美、身体形态美、技术美、战术组织与配合的智慧美、体育运动精神美、团体凝聚力等的欣赏。

排球运动教学中,教师应注意学生对排球运动的各种美的欣赏,给予大学生一定的美的感受、欣赏的启发。

2. 提高学生的创造力

具有一定的创造力是个体发展的重要基础,是个体的重要的个人魅力和发展能力之一,个体的创造力与创造性活动是紧密相连的。排球运动是一项创造性活动,排球技术动作具有复杂性和多变性,参与排球运动对个体的创造力和创新能力的培养具有积极的作用。因此,在排球教学中,教师应注意对学生的创造能力的培养,具体如下。

(1)重视学生的美的创造意识和能力的培养。

(2)不断提高学生的创新能力,促进其养成用智慧创造性地处理学习、生活中的各种问题。

(七)提高学生的排球终身参与能力

排球运动是一项值得终身参与的体育运动,在排球教学中,教师应重视大学生的排球运动终身参与意识和能力的培养。

(1)提高学生的排球终身参与意识。

(2)培养学生的排球锻炼的兴趣、意识和能力。

(3)使学生掌握排球技能,并养成终身从事排球运动的习惯。

(2)促进学生掌握系统的排球理论知识和锻炼身体的科学方法。

(3)提高学生的排球知识与技能的自学能力。

(4)提高学生的自练和自评能力,能结合实际对排球锻炼的内容、方法、负荷等进行调控和评价。

(5)提高学生的技战术的创造性应用能力。

第二节 高校排球运动教学原则与方法

一、高校排球运动教学原则

(一)教育性原则

当前,体育教育教学提倡素质教育,排球运动教学也不例外,在高校排球运动教学实践中,体育教师必须树立科学化的体育教育教学思想与观念,通过排球运动教学培养高素质现代化社会需要的社会人才、竞技人才。

在高校排球运动教学实践中,要遵循和落实教育性教学原则,具体要求如下。

(1)确立"以人为本""健康第一""终身体育"的指导思想。

(2)各项教学活动的安排必须要与课程的主要目标相匹配。

(3)在教学中注重学生身体、心理、社会性的全面健康发展。

(二)主体性原则

学生是教学活动的主体,排球教学应充分考虑学生的需要和特点。

高校排球教学实践中,遵循主体性原则应做好以下几点。

(1)尊重学生的主体地位。教师必须要树立学生为主体的排球运动教学观念,并在校园排球教学实践中科学贯彻。教学内容、教学方法、教学手段、教学模式、教学组织形式等都应该围绕学生来科学设计、选用。

(2)发挥教师的主导作用。教师应充分认识到自己在排球运动教学中的主导地位,在排球运动教学实践中,重视对学生的科学引导,使学生能少走弯路、提高学习效率。

(3)明确学习目的。在排球运动教学中,教师必须要让学生明确学习目的,并能朝着学习目的积极努力、刻苦训练、扎实学习。

(4)建立和谐师生关系。和谐的师生关系有助于促进校园排球教学活动的顺利开展。教师应尊重、关爱学生,建立平等的师生关系,维持良好的排球运动学、训环境,因材施教促进每个学生都能提高排球知识与技能水平。

(三)兴趣主导原则

没有运动兴趣,学生就不可能积极主动参与到排球运动中去,也不可能在排球教学活动中配合老师完成各种教学任务。因此,排球运动教学,应注重学生的兴趣引导,鼓励学生积极主动参与排球运动学练。

高校排球运动教学实践中的兴趣主导原则要求如下。

(1)重视学生正确的排球运动参与态度和体育价值观的培养。

(2)满足学生的合理需要。关心学生,尊重学生,满足学生学习排球的各方面需求,重视教学安全,打消学生顾虑。

(3)采取丰富多样的教学方法,努力激发学生参与排球学练的兴趣,重视学生的排球学练积极性的调动。

(4)培养学生的独立思考能力、创造能力和自我调控的能力。

(5)教师应做好表率作用,做好榜样,身体力行、潜移默化地影响学生参与排球运动学练。

(四)全面发展原则

促进学生身心健康、全面发展是排球教学的任务,也是排球教学中教师组织和实施教学的重要原则。在排球教学中,除了促进学生身体健康外,还应全面提高学生智力、心理素质、美育(感)等。

排球运动教学应促进学生的全面发展,这是排球运动教学的基本原则,也是新的《体育(与健康)课程标准》的具体教学要求。排球运动教学应促进学生的身体健康、心理健康,并提高学生的社会适应能力。

要遵循该原则具体应做到以下两个方面的工作。

(1)在排球教学中,教师应认真学习和领会排球教学大纲(或课程标准)精神,全面贯彻教学大纲(或课程标准)的目标和要求,重视学生的心理发展,实现身心发展的统一。

(2)在排球教学的各个阶段(准备、实施、复习、评价等),制定教学任务、选择教学内容和运用各种教学手段和方法时都应注意增强学生体质并促进其全面发展。

（五）直观教学原则

排球自身的特点决定了在排球教学中应重视直观教学。排球学练技术动作练习教学中,教师对排球技术动作的示范要做到直观,将排球技术动作的原本"影像"以真实的方式向学生传授,便于学生观察、模仿、学习。

高校排球运动教学实践中,遵循直观性原则应注意以下几点。

(1)明确教学目的。根据具体的排球运动教学目标,选择合理的排球运动教学内容、教学手段和方法。

(2)明确教学要求。结合排球教学要求,针对不同水平的学生采取不同的教学方法与手段,采用动作示范、观看技术图片、播放正确技术动作影片等多种形式、方法,加深学生对排球运动技术动作的认知。

(3)充分利用学生的视觉、听觉、动作感觉,使学生建立良好的排球运动技术动作定型。

(4)结合直观性的教学教具和准确的语言讲解,启发学生思维,使学生能举一反三、提高学习效率。

（六）科学负荷原则

排球教学过程中,教学活动以学生的不同内容和形式的排球身体练习为主,身体练习中需要充分考虑到运动负荷因素。对于排球学练过程中的运动负荷的确定,要做到科学严谨,遵循机体运动的运动负荷规律。

排球教学中,运动负荷确定的依据和要求如下。

(1)明确运动负荷的影响因素,具体来说,有两个,即运动量和运动强度。量即数量、次数、时间、距离、重量等。强度包括动作速度、练习密度、间隔时间、重复距离等。对于运动负荷的科学安排就是对运动负荷的各种影响因素的合理安排。

(2)运动负荷由小逐渐增大,最大不超过学生身体的最大负荷限度。

(3)运动负荷并非越大越好,要结合排球教学目标和学生身体状况来确定。

（七）循序渐进原则

循序渐进的排球教学原则是建立在学生客观认知规律基础之上的,

循序渐进原则具体是指教学要有序安排。

高校排球运动教学中,遵循循序渐进教学原则要求如下。

(1)排球教学活动安排要做到由简单到复杂、由低级到高级、由单一到组合,循序渐进地进行。

(2)排球教学内容层次分明、层层深入。排球运动教学过程应符合排球运动发展规律,教学内容的安排应由易到难;训练的时间和量应逐步提高。

(3)科学安排教学阶段。排球教学中,要根据排球技战术规律和特点,从单一到组合、从泛化到分化再到自动化,科学安排各阶段教学。

(4)运动负荷也要体现出循序渐进的安排特点。结合学生特点合理安排运动负荷。运动负荷应与学生的生理和心理特点相符。

(八)因材施教原则

学生之间存在客观差异性,每个学生都是不同的,教学要面向全体学生,促进全体学生都有所发展,就必须要因材施教。

高校排球教学过程中,体育教师"教"的对象是全体学生,教师对全体学生提出统一的教学要求。但是教师也要注意每个学生的个体差异,既要做到排球教学的"统一教学标准",也要重视针对个别学生实施差异化教学。

排球教学中,遵循因材施教原则应注意以下几点。

(1)了解学生。教练员应对学生进行充分的观察和了解,掌握不同学生的详细情况,全面了解学生对排球的兴趣与爱好、身体素质等基本情况,在教学中区别对待不同学生。

(2)教学设计要有针对性。在制定排球教学目标时,教师需要综合考虑教材、学生特点、组织教法以及上述各方面的客观条件,从而更好地贯彻因材施教原则。

(3)满足不同学生学习需求。制定排球教学计划、教学目标和要求,应是符合大多数学生的实际能力,在此基础上,兼顾不同层次学生的学习需求,使基础差的学生有所进步,使基础好的学生能进一步提高。

(4)合理安排不同学生的运动负荷。

(九)安全教学原则

安全,是体育活动参与的一个重要问题,是体育教学必须重视的教学问题之一。安全教学原则是排球运动教学开展的重要基础。

排球运动以身体练习为主,多种不同负荷、技术难度的身体练习存在不安全因素,体育教师应注意确保学生的运动安全。尽管这种安全隐患不能完全避免,但应尽量减少和避免意外伤害事故的发生。

高校排球运动教学的安全教学原则要求如下。

(1)排球运动教学开始前,应对各种隐患考虑周密并作相应预案。

(2)排球运动教学开始前,加强对学生进行安全意识教育。

(3)教学过程中,应注意学生的运动情况观察与实施保护。

(4)做好突发情况的应急处理预案,一旦发生运动安全问题,及时、冷静处理。

(5)课后及时、全面总结,为下次课提供经验,杜绝安全隐患的存在。

(十)终身体育原则

终身体育是排球运动教学的重要教学原则,通过排球教学长久地影响学生一生对运动健身重要性的理解,并积极参与其中是排球教学的最终目的。

高校排球运动教学中,遵循和落实终身体育原则要求如下。

(1)教师应重视培养学生的终身体育意识。教师要善于发现学生的排球爱好与特长,并正确引导,使学生能重新认识自我并乐于从事排球运动,养成终身参与排球运动的习惯。

(2)重视学生排球的基本身体素质练习方法、运动安排编等能力的培养,为学生从事排球运动奠定良好的身体、技能、知识基础。

(3)在教学中充分考虑教学的长、短期效益,关注学生的长期、健康、全面发展,不仅局限于当下教学目标的完成。

二、高校排球运动教学方法

教学方法,是教师在教学过程中为了完成教学目标和任务而采用的各种方法、途径、手段、措施等。当前高校排球运动教学中,教师的各种教法如下。

（一）语言教学法

语言教学法，以语言为工具开展教学活动，主要包括以下几种。

1. 讲解教学法

讲解教学法是指教师通过语言讲解排球运动基本理论知识，技战术的要点、规律、构成等的教学方法。在排球教学实践中，讲解法主要应用于排球技术动作的方法和要领、战术配合的方法和要求以及运用注意事项等的讲解。

排球教学实践中，教师运用讲解法应注意以下几点。

（1）讲解要明确。具体是指讲解目的要明确。以免使学生抓不住重点，不能理解教师的用意，导致学习效率低下。

（2）讲解内容要正确，所有知识点的讲解都应符合事实、符合教育学原理、符合科学技术原理，做到准确无误。

（3）讲解要生动。重视对技术动作的形象化描绘，以帮助学生在头脑中建立正确的动作定型。

（4）重视讲解内容的前后关联性。一些知识体系和动作技术不能将其孤立起来，要善于与之前所学建立联系，以便于学生更好地理解动作。

（5）讲解要有启发性。教师要善于运用对比、类比、提问等方式启发学生思维，充分动员学生的看、听、想、练各种感官活动。

2. 口头评价法

口头评价多用于排球运动实践课的教学，主要用于评价教学活动中学生的动作完成情况。

为了促进教学活动的更好开展，评价时，教师应多用积极评价，多表扬和鼓励；少用或不用消极评价；必要时，应明确指出学生的不足之处，同时应给出指导意见。

3. 口令、指示法

利用简单的口令，如"上步""转体""大力扣""二传跟上""双手拦网"等，提醒学生动作和技战术要领。

（二）直观教学法

直观教学法，是将教学相关内容直接呈现到学生面前，其包括以下几种具体教学方法。

1. 示范法

示范法是指教师以自身的动作作为排球技术动作教学的范例指导学生训练的方法。

在排球教学中，示范法的运用应注意以下几点。

（1）示范目的要明确，动作示范要突出排球教学的重点和难点，抓住排球技术的关键动作进行示范，加深学生印象。

（2）示范动作要准确、标准，严格按照规格要求来完成动作技术，使学生建立正确的动作概念和动作表象。

（3）技术动作示范应便于学生观察，否则就是无效的示范。

（4）示范与讲解相结合，发散学生思维。通过对排球运动技术规律、特点等的讲解，教师还可以引导和发散学生大脑思维，更有效地促进学生对排球技术环节、结构、规律、特点等的理解。

2. 直观教具与模型演示法

排球教学中，教师可以采用图表、照片和模型等直观方法进行辅助，以帮助学生深刻理解相应的技术结构和动作形象。

3. 助力与阻力教学法

在排球技术动作教学过程中，教师借助外力使学生通过触觉和肌肉的本体感觉体验正确的动作用力时机、用力大小、用力方向、动作时空特征等。

4. 多媒体技术法

多媒体技术主要包括电影、幻灯、录像等。利用多媒体技术开展排球运动教学，可令排球教学更加生动、形象、具体。

新时期，随着现代体育教学技术的不断发展以及体育教学的不断改革，更多的体育理论教学借助多媒体教学提高了学生学习兴趣、提高了教学效率和效果，这其中也包括排球运动教学。

(三)完整与分解教学法

1. 完整教学法

完整教学法,是指在排球技术教学中,从动作开始到结束,完整地进行教学和练习的方法。适用于难度不是很高的排球技术动作教学、不可进行分解的排球技术动作教学、首次进行某个技术动作示范时。

高校排球教学中,完整教学法应用要求如下。

(1)讲解要领后直接运用。教师通过对排球技术动作的分解讲解后,示范整个技术动作,使学生能流畅地模仿完整技术动作。

(2)强调动作练习重点。排球运动技战术的实践课教学过程中,对于较为复杂的动作,教师应明确讲解、示范重点,使学生正确把握技术动作难点。

(3)降低动作练习难度。降低动作难度以便于学生完整练习,建立正确动作定型后逐渐增加难度,待学生熟练后再按标准动作进行完整动作学练。

2. 分解教学法

分解教学法,是指在排球技战术教学中,将各个动作环节、战术配合环节进行分开讲解的方法。一般来说,多适用于复杂和高难排球技术动作教学,在战术配合教学中也较多采用。

高校排球教学中,分解教学法应用要求如下。

(1)合理分解动作,不能割裂技术环节之间的逻辑关系,注意动作技术环节的关联,保证排球技术动作各环节的相对完整性。

(2)结合教学内容、学生特点、教学进度,做到分解与完整教学法结合使用。

(四)预防与纠错教学法

预防与纠正错误教学法是两种教学方法,经常结合在一起使用,在排球运动教学过程中主要用于教师分析学生学习过程中可能出现的各种错误及其原因,预先采取有效的教学手段,及时、合理避免学生产生相关错误。

高校排球运动教学中,预防与纠错教学法要求如下。

(1)了解学生特点,预测学生可能犯的错误内容与种类。

(2)针对排球教学中可能出现的错误,提前制订预防预案,提前避免。

(3)为防止学生犯错,可通过强化概念、降低难度、信号提示、外力作用等多种方法提前、在犯错中、犯错后进行干预。

(4)预防与纠正同时进行,不可偏废其一,均应重视。

(五)游戏与竞赛教学法

1. 游戏教学法

游戏教学法是指教师利用组织游戏的方法使学生完成预定教学任务的教学方法。这种教学法的应用比较广泛,既适用于初学排球的学生,也适用于排球运动队员的技能学习与训练。

高校排球教学中运用游戏教学法应注意以下几点。

(1)游戏选择应遵循校园排球教学的本质,游戏规则与要求应合理。

(2)要求学生遵守游戏规则,在此基础上,鼓励学生创造创新。

(3)教师应做好游戏评判工作,公开、公平、公正地评价学生在游戏中的表现。

(4)注意游戏过程中的教学安全。

2. 竞赛教学法

竞赛教学法是指教师在教学过程中通过创造比赛的条件来组织学生进行各项排球运动技能练习的教学方法。竞赛教学法利于最大限度地促进学生身体能力的发挥、有利于培养学生不畏艰难、积极向上、敢于拼搏的良好品质。

高校排球教学中运用竞赛教学法应注意以下几点。

(1)能区别出排球运动教学中的竞赛与正式的排球运动竞赛不同。

(2)教师应注意明确竞赛目的,合理安排竞技强度。

(3)科学进行分组,避免组间实力差距过大。

(4)科学评价竞赛中学生的表现,并指出改进的方向和方法。

(5)注意竞赛过程中的教学安全。

第三节　高校排球运动教学现状、困境与出路

一、高校排球运动教学现状

(一)排球教学缺乏重视和关注

当前,在我国高校,排球运动教学与其他球类运动教学之间存在着明显的差距,同为大球类运动,高校中篮球、足球的教学开展情况均比排球教学要好。高校排球运动受国家和学校的关注和重视程度不够。

现阶段,高校层面,无论是校领导,还是从事排球教学的一线体育老师,都没有从根本上认识到高校排球运动教学在高校体育教学中的重要地位,至少没有将排球置于篮球、足球相同的地位。① 虽然在我国女排在世界赛事中屡获冠军,我国排球运动水平在世界上处于领先地位,但是,与之形成鲜明对比的是大学生群体对"女排精神"十分欣赏和赞同,深表敬佩,是学习的榜样,但具体到校园中的排球运动参与层面上,对校园排球运动参与和教学选课、训练参与的积极性并不高。

(二)排球教学课程设置现状

当前我国高校中,排球运动是作为高校体育教学的常设体育课程来设置的,排球运动是高校体育教学的选修课之一,学生通过学校选课系统选择排球运动课进行学习,排球运动课程在选课方面与其他高校体育运动教学项目的选课机会是均等的。

在排球运动教学中,尽管高校排球教学存在这样或者那样的问题,但是课时设置方面,排球运动教学课时整体来看是比较合理的,能保证有充足的课时,大多数高校的排球课时数较多,能满足高校的排球运动教学所需,仅有少数高校的排球课时数较少。

---

① 许玲俐,杨宋华. 探讨高校排球教学的困境及发展策略[J]. 当代体育科技,2018(8).

（三）排球运动师资队伍现状

1. 教师性别现状

当前，我国高校排球运动教学中，绝大多数的体育教师都是男性，女性教师非常少。

大学时期是女性生理发育的一个重要时期，在高校排球运动教学中，有相当一部分女大学生会选择排球运动课程，在排球运动学习中，女大学生会遇到一些生理情况在向男教师寻求帮助方面存在不便，此外，男教师在排球教学方面很少会照顾到女学生的特殊生理差异问题，这也导致排球运动教学效果开展得很不理想。

2. 教师年龄限制

我国高校从事排球运动教学的体育教师队伍中，有大多数高校体育教师为青年教师，年龄集中在 20—40 岁，整个体育教师队伍充满青春活力、精力充沛，整体能力较好，能够较好地胜任排球教学工作。

3. 教师学历现状

目前，我国排球运动的一线体育教师的整体学历水平较高，本科学历居多，研究生学历者也不在少数，能很好地完成排球运动教学的基本教学任务，一些教师还能在课余时间从事高校体育和排球科研工作，很多教师能利用业余时间自学提升自我。

4. 教师专业现状

大多数高校排球教师在大学学习期间都主修了排球专业，因此，就专业的排球运动教学、技能知识来讲，比较丰富和扎实，能胜任排球专业教学工作。

一些排球教师，虽然是非排球专业出身，但在从事排球教学前均进行了排球教学培训、自学，并注重教学工作中的不断学习，排球教学的专业性较强。

(四)大学生排球课程参与现状

1.学生的排球兴趣

调查分析发现,目前,我国高校的大多数学生对排球兴趣不足,大学生选修排球运动课程的主要原因是通过排球运动放松身心,获得日常接触不到的运动体验,真正因为喜欢排球运动而选择排球运动课程的大学生非常少。

2.学生对排球教学的评价

针对选修了排球运动教学课的大学生的调查问卷中发现,有很多学生对当前的排球运动教学存在不满意的情况(表 2-4),排球教学还有许多可改进的地方。

表 2-4 大学生排球运动教学评价①

排球教学评价	比例(%)
对排球教学形式不满意	78
教师对学生的学习需求不关注	85
教师教学没新意	24
教师的教学手段与方法有待改进	56

除了表 2-4 中所列出的学生对排球教学的一些改进性评价外,学生对高校排球运动的教学还有以下方面的不满意。

(1)排球教师的教学模式陈旧,难以激发学习兴趣,教学效果较差。

(2)排球教师的教学水平一般,教学水平较低。②

(五)大学生排球课外活动开展现状

高校排球课外活动是高校排球教育的重要组成部分,这里主要从以下几个方面来调查分析我国高校大学生的排球课外活动开展情况。

① 王凯. 探讨高校排球教学中存在的问题及对策[J]. 体育世界,2018(10).
② 李犀. 高校排球教学影响因素探究[J]. 长春师范大学学报,2018(10).

1. 大学生课外体育活动参与现状

调查显示,我国高校大学生群体中,经常参加的课外活动项目中,排前五的项目分别是篮球、羽毛球、乒乓球、轮滑和健美操,排球运动的参与人数并不多选(表 2-5)。从这一调查结果来看,高校大学生在课外参加排球活动的积极性并不高。

表 2-5 大学生经常参加的课外活动项目(N=466)[①]

课外活动项目	人数	比例(%)
篮球	309	66.3
乒乓球	249	53.4
羽毛球	298	63.9
健美操	125	26.8
轮滑	162	34.8
排球	79	17.0
体育舞蹈	86	18.5

2. 大学生课外排球活动参与形式

当前,在我国高校中,排球运动协会(社团)组织的活动是高校大学生在课外参与排球运动的主要活动形式,此外,学校举办的排球比赛、校际排球联谊赛等是我国高校大学生参加排球课外活动的重要形式之一(表 2-6)。

表 2-6 高校学生参加排球课外活动的形式(N=466)

课外排球参与形式	人数	比例(%)
和同学一起锻炼	219	47.0
不参与	186	40.0
排球协会(社团)活动	128	27.5
学校排球比赛	118	25.3
校际排球联谊赛	79	17.0

① 王萍. 陕西省普通高校排球运动开展现状调查分析[D]. 延安大学硕士论文,2014.

在高校课外排球运动活动组织中,排球协会或社团为促进校园排球运动的进一步开展发挥了一定的作用,但是仅局限在一少部分大学生群体中,学校排球协会或社团的在校园推广和普及排球运动和文化的作用还没有充分发挥出来。

需要注意的是,在所参与调查的大学生中,有40.0%的学生不参与任何形式的排球课外活动,这一数据表明了我国高校大学生在课外参与排球运动的情况是不容乐观的。对此,学校要多组织一些排球活动,鼓励大学生积极参与其中。

3. 大学生课外排球锻炼频数

调查发现,我国大学生每周参加排球课外活动的次数并不多(表2-7)。大学生参与排球课外活动不积极,参与次数较少,导致了大学生排球技战术很难得到巩固和提高,参加排球运动的良好习惯也很难养成。而要想促进大学生的排球运动技能得到不断巩固与提高也成为一件很难的事情。

表2-7　大学生参加排球课外活动的频数(N=466)

参加频次	人数	比例(%)
每周0~1次	295	63.3
每周2~3次	112	24.0
每周>3次	89	19.0

4. 大学生课外排球活动参与动机

调查了解到,我国大学生很少主动参与课外的一些排球活动,多是因为一些客观的因素的存在,而"被动"参与到排球活动中去,调查中仅有11.8%的学生是因为对排球感兴趣而参加课外排球活动;更多的人是为了应对考试、比赛才参加排球活动的(表2-8)。

表 2-8　大学生参加排球课外活动的动机(N＝466)

动机	人数	比例(％)
兴趣因素	55	11.8％
提高技战术	87	18.6％
备赛	159	34.2％
应对考试	165	35.4％

二、高校排球运动教学困境

(一)排球教学目标不明确

　　高校排球运动教学目标不明确,是当前我国高校排球运动教学面临的一个重要教学问题,这一问题的存在严重制约了我国高校排球运动教学的科学开展与发展。

　　高校排球运动教学目标不明确受多种因素的影响,长期以来,排球运动教学观念的落后直接导致了在高校排球运动教学中,排球运动教学目标定位的不准确。发展到现在,我国排球运动教学在教学目标方面,仍然存在过于重视"三基"的创收,但却在很大程度上忽视了对学生实际的体育能力的培养的教学现象,具体分析如下。

　　(1)排球运动教学往往过于重视竞技体育项目,导致课程设置不符合促进学生终身体育观念的形成及全面推行学校学分制的要求。

　　(2)排球运动教学中,教师往往以掌握某项运动技术为目标,降低了教学的要求和标准,排球运动教学质量不高。

　　(3)排球运动教学过分重视学生对某项运动技能的掌握,排球运动教学目标定得过高,同时又过于侧重技术提高。由于过于追求技术的精确,许多难度技术令学生可望而不可及,忽视了对于学生运动个性的发展,忽视学生的身体素质和心理特征。在排球运动学习中,学生很难体会到排球运动带来的快乐感和成就感,学生的学习兴趣不高。[①]

---

　　①　刘素伟.普通高校排球教学的现状及改革对策[J].学校体育学,2013(3).

（4）排球运动教学在针对不同专业的学生的体育课程设置方面，欠缺全面的、有针对性、专业性的教学，学生选课积极性不高。

（二）排球教学内容单一

高校排球运动教学由于不受重视，这就更加导致了排球运动教学内容选择不能得到科学研究、调查后执行，而是往往依照以往的经验或者直接参考其他运动项目的教学来确定排球运动教学的内容。

1. 过度重视排球技能教学

当前，我国高校排球运动教学中，主要以排球运动竞技实践教学为主，加上传统教学思想的影响，排球运动技能教学以竞技性的排球运动技术为主要教学内容，整个排球运动教学过程中，教学内容多集中在竞技排球技战术练习方面。

目前，普通高校排球教学过程当中所安排的教学内容大都是垫球、发球和传球等，排球运动教学的内容过于单一、死板，趣味性不足，过于强调学生对技术掌握的准确性，忽略学生对动作连贯性的掌握和对学生排球训练整体考察。导致很多高校大学生在排球课程学习的过程中由于对某些技术的动作要领掌握和理解得不到位，因此渐渐产生厌学的心理。[①]

2. 忽视排球体能教学

当前我国高校排球教学中，教师的教学内容主要以排球技能学练为主，在排球技能学练之前，几乎没有任何排球运动体能训练内容的安排，这就导致，排球运动课程教学完成之后，教师认为学生完全可以掌握排球运动教学技能，学生也认为自己熟悉了排球技能的动作原理与动作要领能很好掌握排球运动技能，但事实上，由于体能方面的不足，学生的排球运动技能水平并不高，排球教学效果并不好。

针对一些进行排球学习的大学生的调查显示，在排球课时，教师的课上热身活动时间一般为5～10分钟，仅依靠每次课中的活动时间来发展体能显然是不可能的，调查发现，学生的身体肌肉、心肺机能远远不能

---

① 李雯,左丹. 普通高校排球教学的现状及改革对策[J]. 运动,2016(132).

达到排球运动要求,约有 76% 的女生耐力仅能支撑 20 分钟,约 78% 的男生的体能能坚持 28 分钟强度较高的排球训练,15% 的学生能胜任低级别的排球比赛,学生体能基础整体较弱。[1]

3. 忽视排球文化教学

当前高校排球教学中,对排球文化教学的忽视体现在不注重排球运动的起源与发展知识、排球运动文化、多元排球运动文化形态教学等多个方面。

众所周知,发展到现在,排球运动项目形式多样,内容丰富,而这些丰富多彩的娱乐性排球运动内容,在高校排球运动教学中很少涉及。

以排球技术教学为主,排球运动理论、运动文化较少涉及,多元化的排球运动形式也较少在排球教学中出现,排球教学内容单一的问题,严重影响了高校大学生的排球运动参与兴趣,制约了排球运动在高校的进一步普及与发展提高。

(三)排球教学方法丰富创新

当前我国高校排球运动教学仍然沿用原有的体育教学方法,整个排球运动教学几乎等同于排球技能实践学练,学生的排球学习时间就是在各种排球技能的身体练习中度过的。这种枯燥的排球教学方法也是导致排球运动教学选课率低、学生兴趣不高的重要原因。

当前高校体育教学改革下,许多新的教学方法不断投入体育教学实践中得到了应用,排球运动教学也应尝试引入一些新的教学方法,通过丰富多彩的教学方法应用不断提高学生的排球运动学习兴趣。

(四)排球教学基础设施落后

在我国高校,不少体育运动项目都有自己的专业场地和运动器材,甚至还有现代化的体育场馆,如田径场、篮球场、足球场、游泳场馆、健美操教室等,相比之下,许多高校都缺乏排球运动场地设施建设,排球运动教学多在田径场或者篮球场上进行,有时甚至在水泥场地上开展排球教学运动。

---

① 王凯. 探讨高校排球教学中存在的问题及对策[J]. 体育世界,2018(10).

排球运动教学基础设施落后充分表现了当前高校排球运动教学不受重视的尴尬境地,排球运动基础设施落后严重制约了排球运动教学的进一步发展,也是使排球运动教学中增加了许多不安全因素。

三、高校排球运动教学发展出路

(一)以素质教育为教学改革指导

排球运动教学思想对排球运动教学开展、发展、创新等具有重要的指导作用。

新时期素质教育思想,对排球运动教学模式的构建提出了一个新的方向,一切教学活动都应该促进学生的素质的全面发展与提高,促进学生健康成长、成才。

现阶段,要促进排球运动教学改革,就必须在排球运动教学中始终坚持素质教育思想为指导,使排球运动教学的整个过程都必须为促进学生的全面发展服务。在素质教育思想指导下,要合理安排排球运动教学体系的各个要素及其关系。

(二)以学生为本开展排球教学

排球运动教学的开展以身体活动练习为主要方式,因此,教学中必须要对学生的身体情况有一个较为全面的了解,如此,才能在教学实践中更有针对性地安排排球运动教学内容,才能真正促进学生的身体正常发育、身体素质提高、生理机能发展。

排球运动教学对学生的体质、体能有一定的要求,同时排球运动教学应为促进学生的体质健康发展服务。人的身体素质的发展,是有一定规律的,不长期维持运动训练,运动能力、水平、身体素质就会退化。排球运动教学应注重学生的体质健康、体能基础锻炼,结合大学生体质健康测试,来推动高校排球课程教学的发展,通过科学安排排球运动教学内容,不断提高学生的身体素质水平。

排球运动教学具有实践性、体验性和表现性等特点,这些特点对学生的心理发展也有一定的要求,学习者的心理提出了一定的要求。因此,分析学生的心理特点,选择与学生特点相符的排球运动教学模式,结合学生的心理变化适时地调整教学方法、手段和组织形式,以不断提高排球运动教学质量和效果。

传统排球教学中,教师是权威,新形势下,教师应该改变高高在上权威者形象,将学习的主动权交到学生手上,改变以往统一划一的教学,实施个性化教学。[1]

(三)重视排球课程内容的调整

在新的课程改革背景下,我国高校体育课程处于不断进步和发展之中,现阶段,在高校排球运动课程教学中,应对排球课程内容进行多方面的调整。

(1)增加排球教学的趣味性,教学中充分利用学生的好奇心,激发学生学习兴趣。

(2)加大排球课程教学的普及性,对一些竞技体育项目中不适合学生的技术要领、规则、器材和设施要进行相应的改造,更有利于在大学生中进行普遍开展,更具有健身价值。

(3)促进排球课程教学的创新性,注重排球运动教学的开放性教学,不急于否定学生,注重引导与启发。

(四)提高教师专业教学水平

提高教师队伍水平是促进高校排球运动教学发展的一个重要途径,在具体应做好以下工作。

(1)严格教师上岗制度。

(2)加强在职体育教师培训工作。

(3)通过多种渠道为年轻的体育教师提供进修、培训机会。

(4)培养有责任感的体育教师队伍,提高教师的理论水平。

(5)重视培养和引进经验丰富、高学历、富有创新意识的体育教师。

(6)鼓励体育教师进行教学改革、创新。

(五)加强教学物质基础建设

(1)加大对体育经费的投入,从而建设与学校规模相适应的体育场馆,配备足够的体育器材和设备数量,为高校排球教学提供良好的物质

① 员石.关于提高排球教学训练有效性的思考[J].当代体育科技,2018(31).

基础条件与环境。

（2）对旧有体育场馆的改造进一步加强，充分合理利用。

（3）按照制度要求使用物资，并加强体育设施的保养和维修，定期对场地设备及器材进行检查维修，确保排球运动教学顺利开展，并确保教学安全。

（六）重视社团与文化建设

建设校园体育团体，组织多元校园体育文化活动，是促进高校体育教育发展的有效措施，这一策略可充分应用到高校排球教学中。

体育协会、体育俱乐部，是我国高校最近几年非常流行的体育文化活动组织机构，学生根据自己的体育特长、兴趣爱好自愿加入组织。体育俱乐部有组织有管理，有专人指导，活动效果好，深受高校大学生欢迎。

因此，通过对高校排球运动社团与排球运动文化活动组织，可以在高校营造良好的排球运动氛围，为大学生积极参与排球运动起到促进作用。

（七）切实落实终身体育教育

"终身体育"是"终身教育"的重要组成部分，"终身体育"就是要将"体育健身"贯穿于"生命的全过程"，在人的一生接受教育的过程中，促进自我的终身参与体育。

高校排球教学中，教师应通过各项教学活动的开展，培养学生的终身排球运动参与意识，提高学生的终身排球运动参与能力。

（1）激发学生排球运动学习兴趣，激发他们拥有长远的、持久的学习动机，积极学习体育锻炼和卫生保健的相关知识和技能。

（2）培养学生排球运动参与习惯。教师应引导学生将排球运动锻炼的习惯延续到校园生活以外，使学生能在走出校园之后也积极参与排球运动锻炼。

（3）提供学生的排球运动文化素养。合理安排排球运动教学课内、课外活动，以健身为目标，全面提高学生的排球运动素质、技能、知识、能力。

第四节　高校大学生排球联赛发展探索

大学生排球运动联赛发展可进一步提升排球运动在高校的影响力，可吸引更多的人关注与参与排球运动，客观上可丰富高校大学生的校园排球运动文化生活，营造良好校园排球运动文化氛围，可以有效促进高校排球运动教学的可持续发展。

一、我国竞技排球运动发展态势分析

（一）我国竞技排球发展优势分析

（1）排球是我国传统优势体育竞技项目。

（2）中国排球运动具有丰富的精神内涵和精神价值。

（3）排球运动强度温和，不直接身体对抗、强调集体配合，符合中国传统文化。

（4）排球整体竞赛环境风气良好，各级各类竞赛公正、公平。

（二）我国竞技排球发展劣势分析

（1）排球竞赛规模和质量不适应世界排球职业化发展需求。

（2）和欧美排球强国相比，我国排球运动训练理论、方法、手段落后，教练员执教水平较低。

（3）排球训练管理体制落后。

（4）排球后备人才培养模式落后，忽视对二、三线运动员的培养。

（5）排球现役运动员文化素质不高。

（6）排球训练、发展经费不足。

（7）排球理论研究起步较晚。

（8）排球训练效益较低，仍以粗放式训练为主。

二、我国高校大学生排球联赛发展现状

(一)大学生排球联赛机构建设

中国大学生排球联赛隶属中国大学生排球协会管理,大学生排球协会隶属于成立于大学生体育协会。

当前,大学生排球运动协会采取团体会员制,我国高校的排球社团,只要承认大学生排球协会章程,就可以申请成为大学生排球协会的团体会员。在各校的排球联赛举办和开展过程中,高校体育团体发挥着重要作用。

大学生排球运动协会,实现了国家体育部门、教育部门对高校排球运动的管理,在整个国家排球管理系统中处于一个关键环节的位置(图 2-1)。

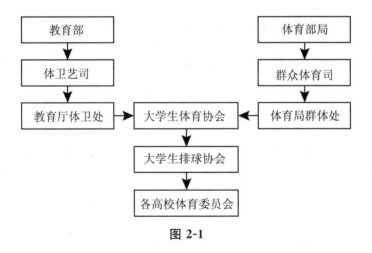

图 2-1

(二)大学生排球联赛赛制现状

1. 大学生排球联赛赛制结构

目前,我国大学生联赛的赛制结构可以用"一个竞赛两个平台"来概括,具体来说,由于我国大学生排球运动员的来源不同,我国高校大学生

排球运动联赛分为高水平组和专业组两个竞赛平台,前者面对国家统一招生被高校录取的大学生运动员;后者面对学习与训练分离的运动员大学生为参赛对象。

2. 大学生排球联赛赛程设置

中国大学生排球联赛特点是"一赛多赛程",大学生排球联赛包括优胜赛、甲级赛、超级赛三个赛程(图 2-2),优胜赛包括专业组和普通组的比赛。[①]

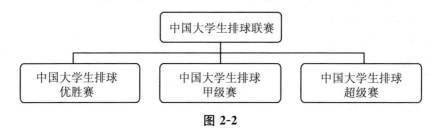

图 2-2

(三)大学生排球联赛参赛现状

从地域分布来看,我国大学生排球联赛开展的城市与地区主要有北京、山东、重庆、江苏、湖南、上海、浙江、湖北、吉林、陕西、甘肃等地。

从大学生排球联赛参赛运动员来源来看,运动员的来源类型多样,有退役运动员、普通高中特长生、省市体校、体工队运动员等。

从大学生排球运动员的参赛场次来看,排球队的参赛场次分布不均衡,少则只能打 1~3 场,多则可参加 16~20 场次的比赛,具体如图 2-3 所示。

三、我国高校大学生排球联赛发展策略

这里重点从以下两个方面就我国高校大学生排球联赛的发展策略进行分析。

---

① 李小勤. 中国大学生排球联赛赛制分析及对策研究[D]. 河南大学硕士论文,2012.

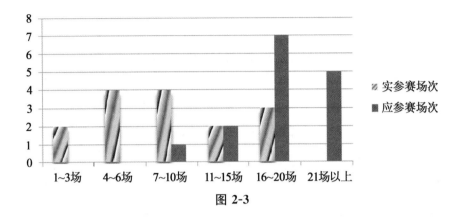

图 2-3

(一)大学生排球联赛人才培养

(1)建立小学→中学→大学这一层层递进的人才培养体系,使中小学排球后备人才培训与高校保持密切的衔接,为高校培养出好的排球苗子。

(2)树立新的人才培养理念,将全面培养运动员的理念重视起来,妥善解决大学生排球运动员的学训矛盾,全面提升运动员专业理论知识的丰富和思想素质。

(3)引入大学生运动员激励管理机制,设置奖学金,奖励优秀大学生排球运动员,高校重视大学生排球运动员培养,同时也引导和激励大学生排球运动员关注和重视自身发展。

(二)大学生排球联赛市场开发

(1)树立大学生排球联赛市场开发新观念,对大学生排球联赛中的体育文化特质进行挖掘,对排球联赛进行积极的大范围的宣传与推广。

(2)弘扬中国女排精神,积极传播高校排球运动文化,吸引高校师生的注意力,使全体师生都能够对大学生排球联赛予以关注与支持。

(3)将高校作为主阵地,对高校排球队的队标、吉祥物、啦啦队等体育文化资源进行开发,发展校园排球文化产业。

(4)组建大学生排球联赛宣传部门,建设校园排球联赛门户网站,注重联赛营销,吸引企业的注意力,借助企业的力量进一步扩大大学生排球联赛市场。

(5)严格制定大学生排球联赛财政收支预算制度。

第五节　丰富多元的排球运动文化教学

一、高校多元排球文化形态教学引入

随着我国竞技排球和大众排球运动的发展,越来越多的排球运动文化形式受到关注,我国高校也开始积极引入多元化的排球运动文化形式,这为进一步丰富高校大学生的排球运动参与兴趣和提供更多排球运动学练选择奠定了良好基础。

(一)气排球

气排球是我国铁路职工发明的一项运动,是排球运动的衍生项目,最先由内蒙古呼和浩特铁路局集宁分局老年人开展。当时这一单位有很多离退休人员,为了丰富其老年生活,集宁分局开发了一些适合老年人参加的活动。1984 年春节联欢晚会上,集宁分局的退休人员试玩了隔网对打气球的游戏。

气排球对人体的身体素质要求不高,适合中老年人和体质较弱的人开展。气排球的质量较轻,体积较大,反弹性更好,在空中飞行速度相对较慢,能够更好地被运动者所控制。因此,在开展该运动时,具有较高的安全性,再加上气排球活动娱乐性和休闲性较强,因此一经推出就得到了广泛关注,深受人们的喜爱。

气排球入门较快,不易受伤,健身价值较高,适合大学生群体学练。在排球运动教学初期进行健身练习,增添了趣味性,同时又可确保运动教学安全。

(二)软式排球

软式排球起源于日本,后传入我国,2000 年新修订的中、小学《体育与健康》教学大纲,首次将软式排球纳入教学大纲内容,在中、小学体育课和课外体育活动中开展和推广软式排球运动,此后我国软式排球运动参与人口迅速增长,很快成为世界软式排球运动参与人口最多的国家。随后软式排球运动在我国高校逐渐开展起来。

与其他排球运动相比,软式排球用球质地软、重量轻、球速慢,技术易掌握,趣味性强,造成伤害的几率小,尤其是避免了对运动者指关节的伤害。再加上软式排球不受场地限制,室内外、草地等安全平坦地都可以进行软式排球运动;同时软式排球不受人员参与限制,2~6人,男女混合均可参与,具有广泛开展的普适性。软式排球运动引入高校排球运动教学,使得排球运动教学内容、形式更加灵活。

(三)沙滩排球

20世纪20年代时,沙滩排球是一项纯粹的民间娱乐游戏活动,其后逐渐发展成为一项竞技活动。沙滩排球诞生于美国,受沙滩足球的启发,在头顶蓝天,面临大海,沐浴在温暖的阳光之下的运动环境下,产生了沙滩排球。沙滩排球集竞技性、观赏性和趣味性于一体,因此,被称为"21世纪最杰出的运动"。

沙滩排球运动具有多方面的健身价值,再加上阳光和沙滩的独特的治疗疾病的功能,因此深受排球运动爱好者的喜爱。目前,我国高校排球教学中,鉴于教学基础设施条件所限,沙滩排球多存在于理论课教学中,偶尔在田径运动场上的沙坑中进行健身练习,虽然在学校排球教学中开展较少,但是高校大学生普遍对沙滩排球表现出浓厚的兴趣,极大地增加了大学生参与排球运动的积极性。

多元排球运动文化形态引入高校排球运动教学,为大学生更多地了解排球运动提供了更多的知识储备,同时,也为大学生的排球运动参与提供了更多形式选择,更重要的是,丰富多彩的排球运动文化极大地刺激了大学生的排球运动参与与学习动机。

二、高校排球运动文化建设

(一)加强高校排球运动物质文化建设

如果排球场地、器材等物质资源缺乏或不配套,就无法构建与弘扬校园排球文化。因此,校园排球基础设施建设是校园排球运动发展、校园排球文化构建的基础与前提。

当前,建设我国高校的校园排球基础设施,必须从政府和学校两个方面入手进行,政府应给予政策与资金支持,而高校方面,应对排球基础设施建设给予高度的重视,全面开展排球场地、器材的管理和维护工作。

(二)加强高校排球运动制度文化建设

高校排球运动校园制度文化建设是贡献排球运动文化建设的一个重要方面,也是高校排球运动教学的一个重要文化性教育补充。

新时期,要在高校实现排球运动文化的科学、可持续发展,就必须要制定排球比赛规则和相关的规章制度,使校园排球竞赛文化显得更加规范和完整;构建一个完的制度体系来加强对校园排球文化构建的约束和保障,从制度层面有力推动高校排球文化的发展。

(三)加强高校排球运动精神文化建设

排球运动具有丰富的精神文化内涵,在高校排球运动文化的建设过程中,应注重排球运动文化所蕴含的排球运动精神对高校大学生的教育价值。例如在排球运动教学中,重视对我国女排精神的分析与教学、学习,通过排球运动教学,增强高校大学生的集体主义意识和精神、提高高校大学生的民族自豪感和民族自信心。

(四)高校排球运动文化拓展与传播

首先,通过赛事推动排球运动文化传播与发展。学校要在校园内部举办各种形式与规模的排球比赛,提高学生运动员的排球技术水平,还应走出校门,积极举办校际间的排球交流活动、友谊赛、排球联赛等,增进班级之间、院系之间、校际之间的排球赛事文化联系,通过这一途径,娱乐学生身心,丰富学生校园文化生活,扩大校园排球赛事文化影响。

其次,采用现代科学技术可以迅速传播高校排球运动文化。在校园文化的传播中,校园网络视频、校园报纸周刊、校园大众广播等媒介发挥着举足轻重的作用。高校应积极建立排球展览室、排球宣传橱窗、排球专门网站等来加大对校园排球文化的宣传力度,塑造良好的高校排球运动校园文化环境。

第三章 高校排球运动训练及创新发展

排球运动训练是高校排球教学活动的一个重要组成部分,排球运动作为一项以身体练习为主的球类运动,在运动参与过程中必然离不开各种身体活动的组织与实施,通过科学有效的身体活动,可以促进高校大学生的排球运动体能、技能的发展,使大学生更加科学、高质量地参与排球运动,可促进大学生排球运动参与获得良好的运动效果,并进一步激发大学生长期参与排球运动的积极性与主动性,同时也可为排球运动专业运动人才的发掘与培养奠定良好的运动基础。

第一节 高校排球运动训练理论

一、高校排球运动训练的生理学理论

(一)运动中的物质代谢

人体生命维持、生理活动开展、体育运动参与都需要体内的物质代谢来提供营养和能量。有机体的物质新陈代谢是生命体存在的基础,也是身体各种活动得以进行的基础。

在排球运动参与过程中,运动者的身体内的重要的营养物质代谢主要有如下几种。

1. 糖类代谢

糖是人体重要的营养物质,人体所吸收的糖经过分解代谢可以为个

体参与排球运动提供必要的运动营养与能量。

人体从食物中获取糖,糖会在消化酶的作用之下,转变为可以被人体吸收的葡萄糖分子(果糖可直接被吸收),经小肠黏膜的上皮细胞葡萄糖运载蛋白转运进入血液,成为血液中的葡萄糖——血糖,血糖可以合成糖(原肝糖原与肌糖原),运动中机体消耗的 ATP、CP 和肌糖原,在人体参与排球运动过程中,糖原可经过分解代谢释放的能量满足机体运动对能量的需要。

2. 脂类代谢

脂肪是人体的第二大能量来源,人体运动过程中,机体内的脂肪的新陈代谢会变得活跃,脂肪不断分解消耗为运动提供能量,正因如此,运动可达到脂肪消耗,改善身体的体脂率的作用,这也是人们热衷于通过运动燃脂减肥塑形的生理原理。

人体的脂肪主要是通过食物摄取然后储存在体内的,研究表明,脂肪具有疏水性,人体从食物中获取的脂肪可在体内水环境中被酶解,借助机体自身以及机体摄入的各种乳化剂形成乳浊液;随后,脂肪通过小肠上皮细胞直接吞饮脂肪微粒或脂肪微粒的各种成分进入小肠上皮细胞形成乳糜微粒被吸收,乳糜微粒和分子较大的脂肪酸进入淋巴管,甘油和分子较小的脂肪酸溶于水,扩散入毛细血管。脂肪被人体吸收后储存在皮下、肌肉细胞中,一部分合成磷脂、糖脂和脂蛋白间转化储存。

参与排球运动等体育运动时,机体需要动员身体内部的脂肪为机体的运动参与提供能量,人体毛细血管的脂肪分解释放能量,并生成 CO_2 和水。

3. 蛋白质代谢

蛋白质是构成人体的基础物质之一。在人体内部,蛋白质和一些含氮物质成动态稳定性存在,人体内的蛋白质及相关物质会随着机体生理活动的开展不断进行分解与再合成,正常的人体摄入氮与排出氮的量基本相同,呈现氮总平衡状态。

排球运动参与可刺激蛋白质代谢,增加机体的蛋白质代谢水平,可令体内的蛋白质分解明显地加强,摄入的氮少于排出的氮,令机体的氮代谢处于负平衡(入不敷出)状态。运动过程中,运动者体内的一小部分蛋白质分解提供一些运动能量,但与糖与脂类相比,这一部分运动能量提供的总量是非常小的,运动过后,人体的肌肉蛋白比例可增加,对应的运动效果就是肌肉变得更加粗壮。

4. 无机盐代谢

无机盐,也称矿物质,是人体重要组成部分,在食物中大量存在,人体从食物中摄取无机盐,对单价碱性盐类(钠、钾、铵盐等)吸收较快;对多价碱性盐类吸收较慢。

无机盐被人体吸收后以碳酸盐和电解质两种形式存在,磷酸盐(钙、镁、磷等)主要存在于骨骼中,电解质(钙、镁等)主要存在于体液中。

有机体参与排球运动健身或运动训练,体能的电解质可随出汗大量流失,体内电解质流失可导致体液失衡,进而会导致机体运动活动不能持续高水平进行,而表现出运动疲劳。

5. 维生素代谢

维生素是人体中的一种小分子的有机物,在影响和维持人体生长发育和正常代谢方面具有非常重要的作用。人体内部不能合成维生素,需要从外界食物中获取。

维生素种类多样,根据其是否溶于水可以简单地分为水溶性维生素和脂溶性维生素,不同的维生素在人体生理活动中发挥着不同的重要作用。水溶性维生素主要有维生素 B_1、维生素 B_2、维生素 B_6、维生素 B_{12}、维生素 C、维生素 PP(烟酸)、叶酸和烟酰胺等;脂溶性维生素主要有维生素 A、维生素 D、维生素 E、维生素 K 等。

从能量的供应角度上看,维生素并不能作为提供能量的物质,但它的重要作用在于它是能量代谢及能量调节过程的必需参与者。例如,人体中辅酶的构成就需要不同类型的维生素予以参与。缺乏维生素就会导致酶的催化能力降低,进而衰减人体的运动能力。

6. 水代谢

水是生命之源,水占机体的 70%,保持体内水分代谢平衡,不仅是运动健身的重要基础,更是维持机体正常生命活动的重要保证。

人体内的水需要始终保持平衡才行。从获得水的方式来说,主要是通过进食摄入。当然人体内的物质代谢过程也会产生一些水,不过这个量非常微小,远远不能满足人体对水的正常需求。

水在机体的细胞中以两种形式存在:一种是游离水,约占 95% 形成细胞内液和细胞外液;另一种是结合水,通过氢键或其他键同蛋白质、糖原分子等结合,约占 4%～5%。

人体内水的排出形式有两种,一种是通过肾脏以尿液的形式排出体外,另一种是通过皮肤、肺以及随粪便排出。参与排球运动过程中会伴有出汗现象,大量出汗而导致机体缺水。

(二)运动中的机体供能

1. 磷酸原系统

磷酸原供能系统,即 ATP-CP 供能系统,是由人体的 ATP(三磷酸腺苷)、CP(磷酸肌酸)通过高能磷酸基团的转移或水解释放能量进行供能的供能系统。

在磷酸原供能系统中,ATP、CP 是两个高能磷酸基团,分解代谢可释放大量的能量满足机体生理活动和运动需要。

ATP 是肌肉活动、细胞活动唯一的直接能源,ATP 水解的放能反应可释放大量能量供运动所需(图 3-1)。CP 是人体的一种高能量化合物,可分解释放能量重新合成 ATP(图 3-2)。

CP 和 ATP 是非直接营养补剂,因为它们都是大分子物质,不能直接被吸收,但是 CP 和 ATP 是人体动员最快的能源物质。

在人体中,ATP-CP 系统的能量物质可在肌肉细胞中大量储存,ATP-CP 系统反应涉及的化学反应相对较少,可被细胞直接利用,因此ATP-CP 系统是人体内最迅速的能量来源。ATP-CP 供能快速,能量输出功率高。

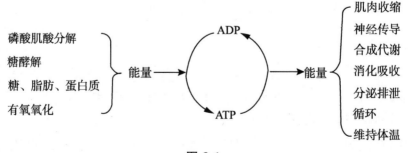

图 3-1

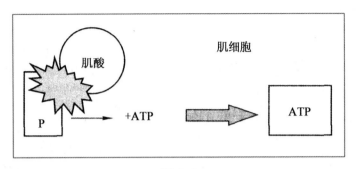

图 3-2

2. 糖酵解系统

糖酵解系统供能的供能原料是肌糖原,可在无氧条件下分解供能,以供体内急需,但无法满足 10 秒以上且强度很大的运动。排球运动过程中,如果氧供应不足,人体骨骼肌糖原或葡萄糖酵解,生成乳酸、释放能量、合成 ATP、补充 ATP 消耗,维持运动持续进行。

糖酵解系统供能过程中伴有乳酸的产生,也正因如此,故称乳酸能系统。糖酵解供能用公式简单表示如下:

$$骨骼肌糖原或葡萄糖 \xrightarrow{糖酵解} ATP + 乳酸$$

3. 有氧氧化系统

有氧氧化供能系统称为有氧氧化系统,该供能系统主要是在安静状态下或有氧运动的参与过程中为机体提供能量,供能物质主要是糖、脂肪、蛋白质。

(1)糖的有氧代谢

糖类物质在进行有氧代谢时,其基本的物质是肌糖原或葡萄糖,在有氧情况下,糖类物质被彻底氧化分解成 H_2O 和 CO_2,并释放大量能量。一般的,1 摩尔糖原可以被完全氧化成二氧化碳和水,并产生 39 摩尔 ATP,消耗 6 摩尔(134.4 升)的氧气,糖的有氧代谢用公式表示如下。

$$骨骼肌糖原或葡萄糖 \xrightarrow{有氧氧化} ATP + CO_2 + H_2O$$

(2)脂肪的有氧代谢

脂肪是人体的重要能源物质,人体参与运动,包括排球运动过程中,脂肪可以用作有氧氧化系统的燃料来重新合成 ATP。1 摩尔棕榈酸经氧化后能够产生 130 摩尔 ATP。要完全氧化 1 摩尔棕榈酸,人体要摄取 23 摩尔(515.2 升)氧气。以脂肪作为燃料,每重新合成 1 摩尔 ATP,人体便要摄取 512.2÷130＝3.96 升的氧气,这比用糖原作为燃料时消耗多约 15％的氧气因此,参与有氧运动可实现燃脂瘦身效果。脂肪的有氧氧化过程用公式表示如下。

$$脂肪 \xrightarrow{\text{有氧氧化}} ATP + CO_2 + H_2O$$

(3)蛋白质的有氧代谢

蛋白质供能代谢不是人体运动所需能量的主要来源。在身体处于饥荒、糖原消耗殆尽或非同寻常的耐力项目,蛋白质常用作有氧氧化系统的燃料来重新合成 ATP,蛋白质分解代谢,氨基酸再经脱氨基作用等代谢过程,最终生成氨、CO_2 和水。蛋白质有氧代谢过程用公式表示如下。

$$蛋白质 \longrightarrow 氨 + CO_2 + H_2O$$

高校大学生群体参与排球运动健身和训练,了解运动过程中的机体物质代谢情况和身体的供能特点与规律,就能在运动过程中科学合理控制运动过程,以通过排球运动参与更好地实现身体的发展与运动效果。

二、高校排球运动训练的心理学理论

运动与心理之间有着千丝万缕的联系,在排球运动参与过程中,高校大学生的心理活动及其构成因素会对整个运动过程产生直接或间接、或多或少的影响,了解运动参与过程中的心理影响因素以及心理活动过程,有助于高校大学生更好地控制心理因素、调整心理,进而可更加高效、高质量地完成排球运动学习、训练、健身活动。

(一)排球运动心理影响因素

1. 动机

动机是个体的重要心理因素,对个体的心理活动的个体行为具有非常重要的影响,动机具体是指个体从事各种运动的心理及内部动力,动机对个体的行为具有始发(引发个体活动)、指向或选择(引起和发动个体活动方向)、强化(或维持、增加、制止、减弱)作用。动机是个体的内在过程,行为是个体内在过程的结果。

　　动机具有多样性,种类丰富,根据不同的分类标准,可以将动机分成不同的种类(表 3-1)。了解个体的运动动机,可对个体的动机进行干预,进而可促进个体的某种行为的产生。

表 3-1　动机分类及内容

分类依据	动机类型	动机内容及其表现
动机起源	生理性动机	与个体生理需要相关,属先天性,如饥、渴、性、睡眠等动机。在一定程度上受社会生活条件的制约
	社会性动机	与人的社会性需要相关,后天习得,如兴趣、交往、成就、权力等
动机原因	内在动机	由运动快乐和满足引起,不受外界条件影响,如个体从事某项活动能感到快乐而非为了得到表扬
	外在动机	由活动以外的刺激诱发,受外界条件影响,如努力工作提高收入而非兴趣使然
动机作用	主导性动机	在个体的活动中的作用强烈、稳定,处于支配地位
	辅助性动机	在个体的活动中的作用较弱、较不稳定,处于辅助地位
动机行为与目标关系	近景动机	与个体的近期目标密切相关,如努力训练以争取比赛胜利
	远景动机	与个体的长远目标密切相关,如参与训练希望成为优秀运动员
动机行为带给个体的体验	丰富性动机	又称满足和兴趣动机,激发个体探索、创造、自我实现,与个体的生存、安全、痛苦无关。通过动机产生行为追求快乐
	缺乏性动机	又称生存和安全动机,如不能达成目标会痛苦,通过动机产生行为消除痛苦

　　通过正确的运用,可以使动机理论在排球运动中发挥出非常有益的作用。例如,在高校排球运动训练过程中,教师和教练员可以通过分析不同球员的运动参与动机来有针对性地制定相应的训练计划,并

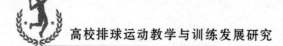

且用不同的激励法强化运动员的动机,以促进运动员更好地完成排球运动训练任务。

2. 情绪、情感

情绪是影响人体心理活动的重要心理因素,良好的情绪可以起到"增力"作用,能促进人体运动能力的提高,使人积极主动、坚韧不拔、持之以恒;不良的情绪起着"减力"作用,可使人精神不振、心灰意冷、注意力不集中等。

有研究表明,有排球运动经验的人,无论其是初学者还是具有丰富运动经验的人,都能从排球运动中获得良好的情感体验。还有研究表明,大多数的成功人士除了具有足够的能力之外,他们的成功还在于拥有较高的情商,这种人大约占80%。因此,在高校体育教学中开展排球运动教学,对促进高校大学生的情绪调控、情商发展具有重要意义。

高校大学生参与排球运动,可以在丰富多彩的排球运动健身与训练活动中体验丰富的情感体验,良好的情感体验无疑是积极向上的,如此也会给大学生的心理以正面的反馈。通过参与排球运动,可以对能给大学生带来复杂的情感表现进行相互感染,相互融合,从而有利于大学生宣泄不良情绪,或是暂时将不良心理状态转移开。参与排球运动对大学生的心理情绪调节和改善大学生情感状态有重要促进作用。

3. 注意

注意,是个体心理活动对一定对象的选择性指向和集中,是个体的一种心理状态。注意力(能力)是一种有效行为,具有深度、广度、范围等的不同。不同的人的注意表现是不同的。

注意力与体育运动参与二者之间是相互影响的。运动心理学研究表明,长期科学参与体育运动,包括参与排球运动,可增强个体注意力。而良好的注意力可促进运动者更好地完成运动任务。

具体来说,排球运动参与过程中,运动者完成各种技术动作、观察与判断场上人球分布于动态发展以及行动实施,都需要运动者高度集中注意力,长此以往锻炼可促进运动者的注意力的提高,将运动者的注意力始终凝聚在运动训练本身,这有助于提高运动者对运动内容和技能的掌握,同时,有助于提高运动者对运动过程本身的主观感受,避免过度疲劳。在排球运动竞赛中,注意力是运动员运动能力的重要组成内容,是优秀排球运动员必须具备的心理能力,良好的注意力可使运动者更加快速、及时、精确、高效地完成正确的动作定型和与同伴配合,并避免运动伤病的发生。

4. 意志品质

意志与行动之间具有密切的关系,它是人为了实现既定目标而支配自己的行动,并且在行动时自觉克服困难的一个心理过程。

从事任何一项活动,如果个体有着非常明确的目的那么就能够不断地克服主管困难(如畏惧和胆怯心理、疲劳等)与客观困难(气候条件、难度和意外障碍等),这对于当事者持续、坚持完成某一事件十分有益。

科学参与排球运动能使运动者拥有坚强的意志品质,可促进运动者坚持完成训练任务、提高身体素质水平。排球运动初期,基础薄弱者,面对一些技术难度高、高强度的负荷会有畏惧心理,坚定的意志可以帮助运动者克服这种不良心理,进而顺利完成动作。排球运动长期的科学学练会遇到各种困难,持久坚持着实不易,面对排球运动中的各种困难,良好的意志力可坚定训练信心,克服运动疲劳、消极情绪,使运动者始终保持身体和思想上的紧张,延缓和减轻运动疲劳,坚持完成训练任务。

排球运动技术简单易掌握,但要持续提高技术水平则需要运动者长期参与内容枯燥的运动,重复同样的动作,并在整个训练期间,克服各方面的困难,运动参与贵在坚持,排球运动参与,锻炼的不仅仅是身体,也是心理品质的磨炼过程,有助于心理素质的改善。

(二)排球运动个性心理特征

个性是指具有一定倾向性的较稳定的心理特征,对个人行为有重要影响,了解普通大学生和排球运动大学生运动员的个性心理特征,对于有针对性地安排排球运动训练内容和组织排球运动学练具有重要指导性意义。

1. 性格

性格,是指个人对现实的稳定的态度和习惯化的行为方式,是个体个性的一个重要方面,对个体的运动参与有重要影响。

运动心理学研究表明,性格是现实的人脑反映,个人对现实的稳固态度和采取某种行为方式,都是一定思想意识和行为习惯的具体表现。了解运动者的不同性格,对于合理安排训练内容、节奏、方法等,具有重要的指导作用。个体的性格一旦形成,就具有稳定性,但仍有可塑性。如一个胆小、害怕改变和冒险的人,经过科学运动参与训练可能成为一个勇敢、果断、富有冒险精神的人。

2. 气质

气质是人的心理活动的稳定的动力特征,是个体运动的心理依据之一。不同气质类型会有不同的行为表现(表 3-2)。运动目的不同、需求不同,个体对运动内容和方法的选择也不同。了解个体的气质类型,可评判一个大学生是否适合参与排球运动,并可了解大学生参与排球运动的个性心理优势与不足。进而可为教师和教练员科学组织教学与训练提供心理因素方面的参考。

表 3-2 高级神经活动类型及特性与气质对照表

神经系统的特性及类型				气质	
强度	平衡性	灵活性	特殊现象的四种类型	气质类型	主要心理特征
强	不平衡(兴奋占优势)		不可抑制型(兴奋型)	胆汁质	精力充 情绪发生快而强 内心外露 率直、热情、急躁、勇敢
	平衡	灵活	活泼型	多血质	活泼爱动 情绪发生快而多变 思维言语动作敏捷 乐观、亲切、浮躁、轻率
		不灵活	安静型	黏液质	沉着冷静 情绪发生慢而弱 内心少外露 思维言语动作迟缓 坚韧、执拗、淡漠

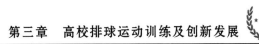

续表

神经系统的特性及类型				气质
弱	不平衡 （控制占 优势）	弱型 （抑制型）	抑郁质	柔弱易倦 情绪发生慢而强 言语动作小 易怒、无力、胆小，忸怩、孤僻

3. 体育意识

排球运动参与,能使运动者掌握一定的运动技能,形成正确、有效的排球运动方式,并产生对排球运动活动的良好兴趣,培养运动者的排球运动意识,有助于帮助运动者树立健康的运动价值观和体育健康意识。

排球运动是一项可以终身参与的球类运动,高校大学生在大学期间参与排球运动,养成排球运动习惯、掌握排球运动技能,可为大学生的终身排球运动参与奠定思想和技能基础,有助于大学生建立终身体育意识和习惯,有助于运动者的身心健康,使其为之后的生活、学习、工作等奠定良好的身心基础。

4. 心理能力

心理能力,是个体综合应对外界事物和变化的心理素质。运动心理学意义上的个人心理能力,指个体顺利完成某种活动必备的心理特征。包括观察力、记忆力、思考力、想象力和注意力等。

心理能力的个体差异性较大,如有人擅于形象思维,有人擅于抽象思维,了解不同的大学生的心理能力发展优势与劣势,可为教师和教练员科学选择排球运动教训内容、方法、活动形式提供参考。通过有针对性的排球教学活动参与,可以促进高校大学生群体的心理能力的综合性发展与提高。

第二节　高校排球运动训练的基本现状

一、高校排球运动训练现状

（一）课内排球运动训练

当前，排球运动在我国高校体育教学中的地位整体来看不是很高，在本书第二章中对高校排球运动教学情况有详细的分析，可以全面了解到目前排球运动教学在高校体育教学中所处的地位和教学现状。由于高校排球运动课时相对较少、教学任务较多难以一一精确实现，这本身就导致了高校排球运动课程教学中，教师的课堂时间远远不够用，而学生对排球运动训练理论和技能原理、特点的掌握需要一定的时间，因此，高校排球运动教学课上，留给学生的实践练习时间是非常少的，课上训练时间不足是高校排球运动课内训练的一个突出问题和学训现状。

（二）课外排球运动训练

1. 大学生课外排球运动兴趣

通过调查显示，现阶段，我国高校大学生中，对排球运动的参与兴趣要远远低于其他球类运动，相比于其他球类运动来说，大学生的排球运动参与兴趣不高。

整体来看，当前许多大学生在排球训练认识度方面依旧处在模糊阶段，没有对排球训练的意义形成清晰明确的认识，学习排球知识还停留在表面的喜欢，没有对排球知识进行深入钻研，只凭借短时间的排球学习兴趣不仅无法长久，也难以取得较大进步。此外，排球运动技术训练难度大，很多学生在初学阶段就容易因为击球练习过程中手掌、手腕难以承受疼痛而选择放弃排球运动锻炼（表 3-3、表 3-4）。有超过 60% 的学生无法承受排球训练过程中可能面对的困难，存在意志不坚定等问题,最后甚至放弃排球训练。大学生课外排球运动训练参与情况非常不乐观。

表3-3　对排球训练意义认识情况

对排球训练认识程度	人数百分比(%)
认识较好	25
认识一般	30
认识差	45

表3-4　排球训练学员思想作风情况

排球训练中的困难应对	人数百分比(%)
勇敢面对	21.7
胆怯	61.7
放弃	16.6

2. 高校排球社团活动开展情况

相关调查表明,随着我国高校体育改革的逐渐深入,我国很多高校均设有包括体育协会在内的体育社团,专门负责学校和体育有关的活动事项。但需要注意的是,尽管某些学校设有体协等团体,但始终牢牢掌握这些团体工作的主动权,高校大学生的社团类体育活动的自主性与灵活性比较低。

二、高校排球运动队训练现状

(一)教练员队伍师资一般

排球是我国高校的一个重要球类运动课程,但在高校运动队建设方面还有很多不足,高校排球运动队建设方面,教练员队伍素质是影响排球运动队发展的一个重要问题。

分析发现,我国排球教练员队伍整体水平不高,有很多教练员的学历是本科,具体来源相对单一,专项体验时间较短,训练经验不足。在教练员的运动级别方面,高校排球运动队教练员群体中,健将与一级运动员比较少见,二级运动员比例比较大,绝大多数教练员没有丰富的技术和战术经验。

就高校大学生排球运动员的培养来说,虽然运动级别并不是教练员培养出顶尖学生的重中之重,但是,教练员运动经验缺乏,会严重影响高校大学生排球运动员的技能训练的科学性。

(二)运动队建队经费不足

运动队的训练需要多方面经费的投入,如运动训练设备采购与维护、教练员外聘、参赛经费支出、运动训练营养经费支出、运动队医护经费支出。其中,运动营养和饮食是运动员和运动队训练面临的一个基础性的问题,对高校排球运动队的运动营养经费情况分析如下。

排球运动是一个需要消耗较大身心能量的运动,高校大学生排球运动员的排球运动训练期间,往往需要消耗学生大量体能,学生对营养的需求比平时要高出很多。但绝大部分学校对参与排球训练的学生未能实施餐补政策。在当前的运动员训练中,饮食是运动员进行自我运动营养补充的一个非常重要的方面,相关调查发现,当前,高校大学生排球运动员,有多数运动员的营养补充、饮食膳食管理经费是单方面依靠父母给予的生活费来支撑的,但由于排球运动专业训练对运动员的体能要求较高,同时随着物价的飞速上涨,学生需要在补充体力上花更多钱,这在某种程度上打击了学生参与排球训练的主动性。虽然部分学校设置了餐补等方面的补贴,但依旧处于杯水车薪的状态,往往只能在集训时期才提供给学生,无法充分满足高校大学生排球运动员的运动训练营养需求,这在一定程度上影响了大学生排球运动员的训练效果。

此外,受多种因素的影响(如校领导不重视、经费不足),我国高校的排球运动场馆等设施资源紧张,运动队和体育选修课的诸多班级在一间教室上课的现象较为普遍,排球训练在开展过程中遇到很多问题。

整体来说,我国高校排球运动队建设方面,各方面经费不足和短缺是影响高校排球运动队训练和长期可持续发展的一个重要的因素。

（三）运动训练医务护理差

体育运动发展与运动健康与医务监督存在密切的联系，良好的医务监督与专业的伤病护理是运动员和运动队高质量运动训练的重要保障。就排球运动本身的特点来看，排球训练不但是遵守规律的项目，而且是有周期的项目。要想保证排球训练达到预期效果，必须具备充足的时间以及相对完善的设施。对于大幅度运动来说，发生肢体损伤的可能性较大，所以还需要有医务护理。

现阶段，我国很多高校的排球运动队在运动训练时间、设施、医务护理方面均存在欠考虑性，排球训练产生的运动伤病只能自行处理，医务护理的可行性差。

（四）运动员学训矛盾突出

排球运动是一个对运动员的综合素质要求较高的体育运动项目，学习排球运动原本就是理论与实践的充分融合，教练员必须防止学习和训练之间出现不平衡问题。纵观国内外排球运动员可以发现，优秀的排球运动员必然是各方面素质发展都好的高素质运动员。

相关调查研究发现，有超过50％的运动员的理论课技术比较薄弱，无法与对应训练实现协调配合。在高校改革中，达到学训双赢是一项重要内容，这还是学校与学生的共同心愿。但相关调查表明，我国绝大多数学校的大学生运动员（包括大学生排球运动员）每个学年均存在很多门课程重修的现象，同时重修的人数和次数一直处于居高不下的状态。怎样实现学训双赢是高校排球运动教学、训练，以及高水平的高校排球运动队建设过程中亟须解决的一个现实问题。

（五）高水平运动队建设情况

经调查，当前，我国共有235所高校组建了高校高水平运动队，其中59所高校建立了高校高水平排球运动队，全国范围内华东和华北地区的高水平高校排球运动队较多，建设情况较好。高水平运动队建设与地区、城市竞技发展存在一定的关系。

对我国高校的高水平运动队的运动员性别结构、生源来源、参赛情况进行了深入调查分析,调查分析结果参见表3-5、表3-6、表3-7。①

表3-5　高校高水平排球运动队运动员年龄性别结构

年龄段	男运动员比例(%)	女运动员比例(%)
18—19 岁	12.79	2.29
20—21 岁	36.99	46.78
22—23 岁	42.01	27.71
大于 23 岁	8.21	4.22

表3-6　高校高水平排球运动队运动员生源情况

运动员来源	比例(%)
普通高校学生	68.83
体校学生	18.18
其他	12.99

表3-7　高校高水平排球运动队参赛情况

	1~3 次	4~6 次	7 次以上
频次	204	137	44
百分比(%)	52.99	35.58	11.43

第三节　新时期高校排球运动创新理念与策略

一、新时期高校排球运动训练创新理念

(一)教育性训练理念

教育性运动训练理念主张重视运动者的文化教育和素质培养。运

---

① 杨洁.高校排球高水平运动队建设现状分析[J].体育世界,2018(8).

动训练不是狭义上的只针对身体的训练,还包括与体能训练密切相关的心理训练、智能发展。这就充分说明了在体能训练过程中,加强运动者理论知识学习的重要性,也是教育性运动训练理论的基本要求。

排球运动训练对运动员的综合素质要求非常高,排球运动应培养高素质全面发展的人才,将高素质体育人才的培养视为现代排球运动训练培养的重点。

在之前的排球运动训练中,教练员往往将运动中心放在球上,而忽视了运动员的主体地位和主观能动性,这就导致最终取得的训练效果不甚理想,这也是当前高校排球运动训练强调运动员全面发展的重要性的原因。

在排球运动训练中,不仅要重视运动员的技能发展,还要重视与之相适应的体能发展、运动心理素质发展,任何一个方面的短板都将制约运动员的整体发展。

1. 强化排球技巧训练

参与排球运动,良好技巧同样是不可或缺的。教师在开展技巧训练时,针对排球运动各项技术动作在难度上的差异,教师必须高度关注大学生的排球运动技术的基本动作训练,在动作方面向大学生提出规范化要求。当训练过程良好时,能够让不良运动习惯出现变化,在任何情况下都能及时、正确完成排球技术动作。

2. 重视排球体能发展

从本质来分析,学生有充足体能是开展排球运动的重要基础,当学生体能良好时,方可高水平地完成相关动作。

高校大学生的排球运动训练,很多技术动作都要求运动员在低蹲、半蹲姿势中完成,因此,运动训练中,应重视以排球运动技能作为基础的相应的体能训练内容的开展与实施,重视通过组织学生不断多次练习完成下蹲动作、起跳动作以及使劲击打排球的动作等,提高大学生的排球运动体能基础,如此才能在排球运动开展过程中做到灵活应用,才能保障训练成效相对理想,才能顺利完成排球运动训练任务、最终提高排球运动能力。

3. 关注排球心理训练

排球运动是一个充满智慧的球类运动,排球运动的综合运动能力的提高,离不开排球运动与基础技能训练,也需要重视运动者的运动心理素质的发展。学生个体心理素质训练与学生团体配合训练,是重视学生心理素质训练的重要内容。

4. 强调集体交流与配合

高校排球运动训练中,队员之间的交流与默契配合是非常重要的。在排球运动的日常训练过程中,重视团队交流、合作技巧与方法,能让运动者在比赛中彼此照应,有效防止队友在比赛过程中自身劣势的出现,可令成绩更加稳定。

以排球运动中进攻手和二传手间的心理配合训练为例,在运动过程中二传手的位置不容忽视,二传手必须遵循教练制定的战术并练习手接到球的方向、高度、弧度来正确转变球。若在排球训练和比赛中,快攻手不断指责二传手的传球质量,则将难以充分发挥自身进攻优势,长此以往,队员之间将会产生心理距离,最终必然会对训练结果或比赛结果产生负面作用。由此可知排球日常集体配合与比赛配合的重要性。

因此,无论是在日常训练过程中,还是在大学生排球运动员的专门性比赛训练过程中,都要重视运动员之间的心理配合训练、团队协作精神的培养与交流、交往训练。

5. 重视运动员文化素质提高

优秀的排球运动员往往具备较高的文化素质,高水平的排球运动竞赛中,优秀的排球运动员必须要重视自身的排球运动竞赛软实力(动作的创新、技巧难度、对抗智能)的提升。

随着现代排球运动的发展,排球运动训练应与现代学科知识,如运动训练、运动伤病、运动营养等有效结合起来,排球运动员掌握这些知识与技能,对于其全面成长和发展具有重要的帮助作用,因此,要重视提高排球运动员的文化素质的培养与发展。

(二)人本性训练理念

排球运动训练中,运动员是训练的主体,而非技术,技术的实施归根结底还要落实到人——运动员身上去。体育运动中,人是"技术"的实施者,这就明确了人的主体性以及人与技术的关系。在运动训练中强调人文操作,能够摆脱体育运动训练的功利化,从而强调运动者本身对训练的热爱、专一、投入。

运动训练中人的因素的影响作用,说明了人的知识、能力、经验等直接决定运动训练效果。

纵观我国传统竞技体育运动训练,一味地强调"金牌数量"的获得,运动员的训练往往是高强度的运动训练,金牌数量的获得是以牺牲运动员的身体健康发展、造成运动员的一身伤病来换得的,这种发展模式是非常不科学的。

科学运动训练应遵循客观规律,也应尊重个人的健康发展需求。实现二者的有机结合,如此才能培养出高素质的运动者和运动员。现代排球运动训练,应重视运动员的健康发展,在促进运动员的身心健康的基础上再强调竞技能力的提高,如此才能促进排球运动竞技水平的持续发展提高。

此外,科学的排球运动训练还要在追求竞技水平提高的过程中符合人的价值规律,体现人文特征,实现科学性与人文特征的结合、统一,促进体育运动价值与人的社会价值实现的统一。

(三)技术实践性训练理念

技术实践性,即求真,是指在运动训练的过程中以运动的本质特点和规律为依据,科学组织和实施运动训练,力争做到结合实际,并且与事物的客观规律相符合。具体来说,运动者的技术应用应符合运动规律和项目的本质特征及规律。

运动训练是一个系统和科学的过程,训练不应是盲目的,应是有计划、有目的、有针对性的。训练应以符合运动者的专项技能发展和提高实战为主,从实际出发和结合实战训练。

必须充分认识到,对于运动员来说,运动训练不是最终目的,通过运动训练提高运动技能的专项水平、进而创造优秀的运动和比赛成绩才是运动训练的终极目标。

(四)竞技运动国际化理念

排球运动是一项世界范围内的广受欢迎的球类运动,排球运动训练应与世界排球运动发展动态相结合,高校排球运动训练虽然不能做到像竞技排球那样专业,但是在运动训练方面应积极借鉴和紧跟世界排球运动发展趋势,引进和运用国际竞技排球运动训练理念来指导高校排球运动训练实践。

具体在高校排球运动训练实践中,应积极鼓励教练员学习、深造、交流,教练员要不断提高自己的教学与训练能力,引入其他国家一些先进的训练理念与科学的训练方法,在运动训练中,时刻把握最新的运动训练发展动态、竞技体育运动发展最新科研成果,并将其充分运用到现代化的运动训练中去,在指导包括运动训练在内的运动训练时,应具有前瞻性、时代性、创新性。

(五)教、训、学结合训练理念

与专业的排球运动员相比,高校大学生排球运动参与者(包括大学生运动员)的一个重要身份是大学生,必须要认识和重视到"学生身份",其次才是"排球运动参与者",因此,高校排球运动训练,应做到促进高校大学生的全面健康发展,以教为学,教、训、学结合。

长期以来,受传统教育制度的制约性较大,我国学生的主要任务就是学习,体育运动参与、运动训练很难在重视应试教育中得到重视,即使到大学生课业相对较为轻松的环境下,体育运动参与也仍然是一种"偶尔现象",不能真正融入大学生的日常生活,文化课学习与运动训练很难和谐、统一发展。

新时期,发展高校排球运动训练,必须要在创新教育理念指导下,发展校园排球、重视校园排球训练必须实现"教训结合、以教为学",在最大程度的发挥教师"传道、授业、解惑"作用的基础上,重视大学生的排球意识、道德情操、人文素质培养,健全学生的人格,使大学生通过自主学习和参与训练,发展和提高其创新能力,促进大学生排球运动素质和水平的全面发展。

二、新时期高校排球运动训练发展策略

(一)树立正确训练理念

树立良好运动训练理念是促进高校排球运动健康可持续发展的第一步。

在高校排球运动训练中,教师应加强大学生的排球运动参与、学习、训练的正确态度和健康意识的培养,促使学生制定出针对自身的目标,始终持有奋发向上的积极态度,进而完成好所有训练环节。

排球运动训练过程中,教练员要指导学生做好充足准备,事先向学生声明训练过程中会遇到的困难,使学生做好心理准备,并掌握正确解决运动训练问题的方法,科学参与运动训练。

(二)加强教练队伍建设

在排球训练过程中,教练员是非常重要的一个因素,要想实现高校排球运动质量和效率的提高,就必须要不断提高教练素质,加强教练队伍建设。

教练员队伍强化工作应从源头抓起,首先,在招聘过程中,必须对教练员的教学水平以及道德素质展开深入调查,同时不定期地组织教练员的审核工作与测评工作,促使教练员紧跟时代步伐;学校应当定期开展培训教练员的活动,组织经验丰富的教练员展开探讨与讲解,从而使教练员的职业水平与素质得到大幅度提升,不断提高运动训练执教水平。

此外,高校体育主管部门应大力鼓励排球教练员开展学术研究,使总体业务水平得到大幅度上升。同时,进一步完善教练员管理体制,要有针对性地对待不同水平的教练员,制定出惩罚机制与鼓励机制。

(三)强化运动训练管理

排球运动作为一项体育运动项目,需要许多学生相互配合、协同完成,而对于整个高校的排球运动发展,更是需要高校领导者、管理部门、辅导员、体育教师、学生等各方面的共同努力。

高校排球运动训练质量的提高应具备一定的管理基础,良好的管理是高校排球运动训练活动顺利有序实施的重要基础,具体应做好以下工作。

(1)排球训练要想有效发展,必须取得包括学校领导在内的各方面支持,必须积极配合学习安排,科学安排出相对充足的训练时间。

(2)进一步扩大排球运动宣传范围,努力使学校投入更多资金,特殊情况下还可以汲取个人捐款或组织捐款,从而让排球教学设施更加齐全。

(3)学校排球队应当挖掘和开发球队的"造血"功能,和其他体育运动共同开展运动会,不断提高排球运动在高校的地位,形成良好校园文化氛围,提高校园排球运动队的知名度,吸引学校和社会人士关注。

(四)妥善解决学训矛盾

在排球训练过程中,教练员一定要将学习与训练的矛盾处理好。这需要教师(教练员)和学生(运动员)、学校等方面的努力。

(1)教师(教练员)可以尝试"双重管理"、延长"学分制"等方式来缓解矛盾。

(2)学生(运动员)可以结合一年的训练以及学习安排,对学习过程展开科学规划。

(3)学校应协调学生的排球运动训练与专业课学习之间的时间、场地、制度等方面的矛盾,做好协调管理。正确处理排球运动员的排球学习和排球训练之间的关系,加强排球运动员训练的管理制度、更好地发挥学校管理机构的作用。

(五)创造优良学训环境

高校高水平排球运动队运动训练的科学和可持续发展离不开良好的学、训环境的建设,这里的学、训环境是由多方面环境因素构成的,应重点从训练基础、竞赛环境等方面入手完善高校高水平排球运动队学、训环境。

1. 增加排球训练经费投入

经费投入是建设良好学、训环境的基础。当前,训练经费不足是影响我国高校高水平排球运动队训练的重要因素之一,针对这一问题必须尽快妥善解决。

当前,我国各级各类学校的教学、训练、管理中,经费的投入十分有限,具体到高校排球运动训练中,可支配的经费就更加少。而排球运动训练需要经费做支持,如果没有经费投入,则运动员就没有办法改善营养饮食、不能运用先进仪器设备辅助训练,也没有更多机会去参加校际比赛,这会制约高校高水平排球运动队训练的发展。因此,应重视增加高校排球运动训练的经费支持。

2. 完善排球基础设施建设

排球场地、训练器材等硬件设施建设是提高排球训练水平的重要物质保障。要加强这方面的建设,应增加排球场地、器材,以及训练辅助基础设施建设,适当采购先进训练技术设备,并为生物、电教训练提供条件支持。

第四节　大学生排球运动人才的发掘、培养

一、大学生排球运动人才的发掘

(一)提高发展认知

1. 提高领导的高校排球发展意识

在高校发展排球运动、发现与培养排球运动人才,离不开校领导的重视和支持,就当前发展形势来看,应将高校排球运动发展与排球运动人才培育的首要任务放在唤醒校领导对高校排球发展重要性的认知上,促进校领导以及有关体育主管部门转变观念,充分认识到高校排球教育、教学、训练等的重要作用,鼓励高校排球运动的各项教、学、训活动的开展。

2. 提高教师(教练员)的排球发展意识

教师(教练员)对高校排球教育、教学、训练等的发展有重要的影响,事实证明,教师(教练员)对高校排球的认知程度越高、对其重要性理解越透彻,就越能积极参与和推进高校排球发展,也更有利于排球运动人才的发现和培养。

(二)扩大人才来源

现阶段,在我国各类高校中,排球运动竞技人才主要来源于传统学校,绝大部分通过特招录取,少部分是通过面试录取,通过正常录取的比例却很小很小。因此,大部分的大学生排球运动员文化基础较差,在文化课的学习方面困难较大。基于此必须不断扩大排球运动人才发掘,多渠道发掘排球人才。

(三)重视科学选材

任何体育运动项目的人才的培养,宣传都是一个非常重要的环节。对于素有的运动训练来说,选材都是非常重要的,其对于排球运动也是如此。

当前,在排球运动中,要对运动员进行选材,需要考量多方面因素,如年龄因素、遗传因素、个体因素、竞技能力因素、专项因素等,科学选材,旨在选择出对排球运动参与先天条件优越的人。

对于所有的运动员来说,其所取得的运动成绩如何,主要取决于其运动才能的高低,在选材时,一定要对运动员家庭成员的运动能力进行充分的调查和了解。人体遗传具有显著的特点,如主要的遗传性和变异性,这两个特点的表现内容也不相同:遗传性所表现在是生物前后代的相似性,变异性所表现在主要是人体性状中的变异。运动员选材中,首先要具备的一个前提条件就是熟练掌握人体遗传机制。在运动员选材过程中对遗传性和变异性深入细致研究,有助于科学、正确选材。

需要特别指出的是,在排球运动科学选材中,运动员的遗传和已经存在的生物学相关方面会对其运动生涯产生不同的影响,先天条件好的运动员,并不一定是理想的选材对象,还需要对其未来的运动情况加以预测,从而断定其有效运动的时间以及可能达到的运动水平。

二、大学生排球运动人才的培养

(一)明确人才培养目标

培养目标是对所要培养出人才的质量和规格的总规定。它在人才的培养过程中主要实现的是对人才的"质"的规定,培养目标为是人才培养活动的重要出发点和归宿。

在高校排球运动人才培养中,首先要明确培养目标,要着重解决"培养什么人"的问题,这主要涉及价值层面上的培养目标和培养规格,它对所培养人才应当具备的知识、能力、素质等各方面要求给出具体标准。

(二)理性选择培养模式

高校排球运动人才的培养,不仅要培养大学生排球运动竞技人才,也要重视全体大学生的排球运动终身意识建立和终身习惯的养成、重视体育能力的提高,排球运动教学训练应促进大学生的健康全面发展。

在高校培养大学生运动人才的过程中,对于高校来说,人才培养模式定位并不是越高越好,高校一定要准确把握人才模式的定位标准,理性选择人才培养模式。高校科学选择排球运动人才培养模式应明确以下几点。

(1)在人才培养模式定位上,高校要以社会需求为导向,培养适应社会发展的高素质人才。

(2)以高校办学实际为基础,高校人才培养应与学校的物质条件、教学培养目标、教学培养规格、领导重视程度等相符。

(3)人才培养模式的定位应与学校类型相符,具体来说,不同类型(如教学型大学、研究型大学、教学研究型大学、高职高专等)的大学,培养目标和培养规格不同,人才培养模式的定位也不同。

(4)以学生全面发展为根本。高校排球运动人才培养应正确处理短期效益与长期效益,促进学生在走出校园之后也能很好地适应社会、适应职业,能充分实现自我个人价值与社会价值。

(三)科学制订训练计划

理论研究和运动实践均表明,排球运动人才的成长是一个长期的系统的过程,必须经过多年的科学训练才能实现。

科学地制订训练计划,是培养优秀排球运动员的必然要求。优秀的排球运动员的培养需要长期的时间、精力投资并非空谈,其具有科学的理论根据,具体如下。

(1)排球运动员竞技能力状态转移长期性的要求。

(2)竞技状态转移的阶段性要求。

(3)运动员先天遗传性竞技能力和后天训练所得竞技能力的最佳组合的要求。[1]

(四)积极参赛以赛促练

以赛促练是高校排球运动教学训练的科学有效方法与途径,通过组织大学生及大学生排球运动员多参加排球运动竞赛,不断丰富大学生以及大学生排球运动员的排球运动参与与参赛经验,可促进高校排球运动训练效果的提高。

具体来说,在高校排球运动训练实践中,应依托高校体育管理部门,加强校际交流、合作,为本校运动员创造参赛机会。此外,高校应重视加强学校品牌排球赛事建设,通过高校高水平排球运动队竞赛来丰富高校高水平排球运动队文化、提高学校知名度,以吸引更多的大学生参与到排球运动学练中来。

---

① 郑鸿涌.竞技排球后备人才培养现状及对策研究[J].文化创新比较研究,2018(20).

第四章 高校排球运动学训理论指导

排球运动学训是一个科学严谨的过程,不仅需要科学把控每一个学训环节,合理有序地开展每一项排球运动学训活动,还要有效防范和及时处理排球运动学训过程中的各种突发和意外情况,确保排球运动参与者在排球运动中获得良好的学训效果,并最大化地降低排球运动学训伤病和各种不安全因素,如此才能实现高校排球运动学训的最优化、高质量。本章主要就高校排球运动学训的科学理论内容进行分析与研究,以更好地为指导高校排球运动学训实践提供科学理论指导。

第一节 排球运动学训计划的制订

排球运动训练学训并非一朝一夕的事,高校排球运动学训是以课时、季度、学年等时间段为划分依据的,通过不同时间段的排球运动学训参与,可促进高校大学生排球运动水平与能力的不同程度的提高与发展。要实现高校大学生的排球运动学训效率和效果的优化,就必须重视排球运动学训计划的科学制订,以更科学地开展排球运动学训活动,切实实现预期的良好的排球运动学训效果、促进高校大学生的排球运动素质与能力的发展。

一、排球运动学年学训计划制订

在大学期间,排球运动课程为大学生体育选修课程,大学生基于各种原因选修排球运动课程,有真正喜欢排球运动的大学生会连续在整个学年选修排球运动课程,如此系统长时间的排球运动学练就需要一个完整合理的学训计划以使得整个排球运动学训更加科学;而对于大学生排球运动员来讲,制订学训计划的重要性就更加不言而喻了,科学的学训计划能够使大学生排球运动员的技术技能不断得到巩固提高。

(一)学年计划目标确定

学年排球运动学训计划是高校排球运动学训时间较长的一个计划,通过较长时间的排球运动学练,有效提高运动者的体能、技能、心理,提高大学生的排球运动水平。

学年训练的目标应体现在以下几方面。

(1)促进身体素质的发展。

(2)促进专项技术的完善。

(3)加强对理论知识的学习。

(4)促进体育意识与体育道德、体育精神发展。

(二)学年学训周期划分

1. 单周期年度训练(全年一个训练周期)

学年排球学训计划,以一个完整的学年为阶段划分,制订年度排球运动训练计划,通常安排4~6个月的时间准备或取得训练效果;或每年只能在集中的几个月份参加比赛。准备期、竞赛期以及过渡期是单周期的三个时期(表4-1)。

表4-1 单周期分期表

准备期	竞赛期	过渡期
11月中旬—4月	5月—10月	11月上旬—11月中旬

2. 双周期年度训练

全年训练按两个完整的大周期组织实施,双周期中每一个周期又分不同时期(阶段),见表4-2。

表4-2 双周期分期表

第一周期		第二周期		
准备期	竞赛期	准备期	竞赛期	过渡期
11月下旬—5月中旬	3月下旬—6月上旬	6月中旬—7月	8月—10月	11月

3.多周期年度训练

多周期训练的训练周期为3个或以上,对于高校大学生排球运动员来说,因为要经常参加各类比赛,因此会常常将学年排球学训计划与参赛相结合,以便于在保证训练的同时能有合理的时间和良好的状态参与排球比赛,不断提高比赛实战能力。

(三)学年学训计划安排

无论是普通大学生,还是大学生排球运动员,排球学年学训计划涉及训练内容较多,训练时间跨度较长,因此,在训练计划安排过程中,既要有概况性的总体计划内容,也要有重点周期的关键训练内容,整个计划应做到统筹兼顾,重点突出。

排球学年学训计划编排与规划,具体可参考表4-3。

表4-3 年度训练总体规划表

项目:		运动者:	性别:	年龄:	训练年限:
主要任务:					
类别		运动者现实状态	年度训练的目标		
运动成绩					
技能					
素质					

续表

类别		运动者现实状态	年度训练的目标	
技术				
形态				
心理				
智能				
负荷				
时期		准备期	比赛期	过渡期
时间				
主要任务				
比赛安排				
负荷变化总趋势				
主要手段及负荷要求				
恢复措施				
检查评定的内容、时间				

二、排球运动周学训计划制订

(一)周学训目标确定

周训练计划是依据年度和阶段训练而进一步细化了的重要的训练计划,结合不同的训练周的目标,周训练计划的内容、方法、负荷及其变化节奏的安排等也不尽相同。

以专业的排球运动员的训练为例,结合比赛计划,可以分为以下不同训练周。

(1)训练周:通过改变负荷,提高运动者的竞技能力。

(2)比赛周:通过训练适应,使运动员在赛前达到最佳竞技状态。

(3)恢复周:赛后放松训练,通过降低运动负荷及各种恢复措施消除运动者赛期身心疲劳,促进身心恢复。

(二)周学训内容选择

(1)基本训练周:发展一般身体素质和部分专项身体素质的训练手段,全面提高运动者竞技能力,改进运动技术。

(2)赛前诱导周:强化和突出排球专项特点。

(3)比赛周:在赛前3~5天进行,训练强度先是超过比赛强度,再安排1~3天的恢复性训练,促进良好竞技状态的保持。

(4)恢复周:采用一般性身体练习和游戏性练习,促进恢复、放松。

(三)周学训计划安排

周训练计划安排可制定训练计划表,如表4-4所示。

表4-4 周训练计划安排①

时间:　　年　月　日—　　年　月　日				周次:			
训练阶段:			训练类型:				
训练目标/任务:							
训练要求/比重:							
	一	二	三	四	五	六	日
早操							
上午训练							
训练时间							
训练负荷							

① 虞重干.排球运动教程[M].北京:人民体育出版社,2012.

续表

	一	二	三	四	五	六	日
下午训练							
训练时间							
训练负荷							
全天训练时间							
周训小节							

三、排球运动课时学训计划制订

(一)课时学训目标确定

在高校排球运动教学与训练实践中,训练课是排球运动训练过程的主要组织形式。除主要训练课外,还有晨练和其他时间的补充练习等。

排球运动学训课的目标一般不超过3项,通常为2～3项。排球运动学训课的课时训练目标必须与周学训目标、排球运动教学目标、学生和教学实际相符,在课堂中,教师(教练员)应解释清楚训练的重点和难点。

就一次排球运动课来讲,在课的不同阶段有不同的教学与训练安排,以达到不同的教学与训练目标,完成相应的教学与训练任务。

(1)课的准备部分(约11分钟),通过热身和一些速率地域专项的球类游戏来调动学生的身体生理活动水平,以为接下来的运动训练做好身体准备。

（2）课的主体部分（约 75 分钟），主要安排排球技术动作学练、体能训练，提高学生的排球专项体能素质、提高学生对排球技战术的掌握水平。

（3）课的结束部分（约 10 分钟），通过低负荷的活动性游戏或慢跑放松身心、伸展肌肉。

（二）课时训练内容选择

（1）体能训练：采取多样化的训练手段和方法提高运动者的训练积极性，并合理安排排球运动的一般和专项运动素质的比例。

（2）技能训练：进行排球运动技术动作训练，以及发展专项技战术的辅助性训练，加强运动者对排球技术动作的运用。

（3）综合训练：通过训练，全面、综合发展排球运动者各项素质、能力，不断巩固和提高大学生排球运动技能和实战水平。

（三）课时训练计划安排

排球训练课的训练计划安排如表 4-5 所示：

表 4-5　课训练计划安排

课的任务		负荷要求				
阶段	训练手段	时间	负荷	技术	组织形式	场地器材
准备活动						
体能训练						
技术训练						
战术训练						
实战对抗训练						
整理恢复						
小结						

第二节　排球运动学练原则与方法

一、排球运动学练原则

(一)兴趣引导原则

排球运动训练需要运动者投入很多时间、精力、体力与汗水,排球运动训练是非常辛苦的,对于排球运动学练者来说,要坚持长期的运动参与与训练,就必须首先对排球运动具有浓厚的运动兴趣,良好的运动兴趣能让排球运动学练过程的辛苦大大减少,同时还有助于运动者全身心投入训练中去,有利于良好学练效果的获得。

鉴于运动兴趣对运动者长期持续参与排球运动学练行为的重要影响作用,在高校排球运动教学与训练中,应坚持兴趣引导原则,引导大学生和大学生排球运动员树立排球运动参与意识,激发学生的排球运动学练兴趣。

排球运动训练中,教师(教练员)必须与学生和大学生排球运动员进行各种有效沟通,让他们对排球训练有全面且深入的了解和认识,从而使其能够激发出参与排球运动训练的兴趣,并且能够积极客服训练过程中遇到的困难,确保训练顺利开展,以取得良好的训练效果。

(二)多元发展原则

排球运动具有多元运动价值和教育意义,在高校开展排球运动学练应充分考虑要促进高校大学生的全面、多元发展。

具体来说,在排球运动训练中,不仅仅要注重大学生的排球运动技术的学习,还要通过排球运动教学与训练促进大学生的身体素质、身体机能、身体形态、心理调控能力、良好个性与性格等的良性发展。

高校排球运动训练应在坚持素质教育的教学与训练理念下促进高校大学生的全面发展,以培养大学生成为符合当下社会所需要的高素质全面发展型人才。

（三）区别对待原则

大学生群体，虽然年龄相仿，但是他们在生理、心理、性别、生物年龄、运动经历、学习特性、运动能力与认知、理解、创新等方面存在各种各样的个体差异，这就要求在排球运动训练中必须区别对待不同个体。

在高校排球运动训练实践中，教师（教练员）应严格贯彻区别对待原则，将运动员的运动能力和潜能尽可能地挖掘出来，有针对性地进行训练，从而取得优异的训练效果。

在高校排球运动队训练实践中，由于排球运动员的来源渠道是多个方面的，这就会导致运动员之间的专项技战术水平存在一定的差异性，且每年都会有运动员的流动，因此，这就要求教练员根据运动员的不同特点，区别对待运动员安排运动训练。

排球运动训练遵循区别对待原则要求如下。

（1）了解学生，充分认识到不同学生在排球运动训练中的体能、心理、技能优势与不足，有针对性安排训练。

（2）培养学生干部、重点队员，将他们的带头作用充分发挥出来，这对于整体训练效果的提升是有所助益的。

（3）排球运动训练要求因运动员的实际情况而有所差别，在排球运动训练计划中预先准备多样化训练内容、方法，满足不同学生的训练措施、手段和方法的选择。

（4）在能反映全体学生、全队运动员的要求的基础上，满足和反映不同个人的不同运动训练发展要求。

（四）目的性原则

排球运动训练前，必须要有明确的目的，如是为了起到健身效果或是提高排球运动专项成绩。明确的目的，会提高排球运动员练习时的积极性和自觉性，从而使排球运动员自觉坚持运动训练。

（五）阶段性原则

排球运动训练是一个系统过程，排球运动体能技能的发展具有阶段性特征，在高校大学生排球运动训练实践中，应充分认识到大学生和大学生排球运动员的运动训练水平的发展和提升的阶段性特点,对此,教练员首先要对运动员的身体素质、运动水平等加以测量,并以此结果为依据来对运动员进行相同阶段的训练。

具体到排球运动训练的各阶段训练的开展,应认识到各阶段训练任务是不同的,具体要以年度竞赛总体或主要目标为依据来对各个阶段的训练工作中心要点内容进行相应安排。

(六)系统性原则

排球运动训练是一个不断给予运动员机体适应刺激的过程,并经过反复刺激提高训练者机体的适应性,从而提高运动水平。

高校大学生和大学生排球运动员参与排球运动训练,对训练应该达成什么样的目的、会取得怎样的效果应该有明确的认识和系统的安排,在制订详细训练计划的同时,还要从长远的角度考虑制定出阶段训练计划、年训练计划和多年训练计划,并在这些训练计划中合理地安排好各项训练内容所占的比重。

(七)渐进性原则

渐进性原则符合人体动作形成的客观规律。在排球运动训练中,人体结构的改变,运动能力的提高,内脏循环功能的改善,都是由于机体对运动训练的适应性反应。这种适应性的形成是一个相当复杂的协调过程,仅仅靠几次训练和练习是无法实现的,因此,只有坚持训练,长期积累经验,才能达到良好的训练效果。

排球运动健身和竞技训练需长期坚持,学生运动技能的提高是长期训练的结果,需要经历一个由量变到质变的过程,在训练实践中,必须坚持渐进性的原则,科学、有序、持续提高排球运动水平。

(八)专项性原则

排球运动训练有一般训练与专项训练之分,训练水平的提高单单依靠其中的一种训练是无法形成的,并且两种训练之间有着密切的联系:专项训练是在一般训练的基础上发展和进行的。

排球运动之所以是排球运动,是因为其与其他体育运动项目之间存在差别,要成功完成各种排球运动技术动作,就必须具备与之相符的排球运动体能、心理基础和专项化的球感、灵活移动步法,以及场上观察能力等。这就需要在运动训练中要求加强排球运动专项化训练。

此外,在高校排球运动训练中,应将一般训练与专项训练结合起来,从而达到有效提高训练水平的目的,一般训练应以基础性和实用性为主,所安排的一般训练和专项训练的比重要科学合理。具体要以排球运动的特点和运动员的年龄和训练阶段为依据进行。

(九)操作性原则

排球运动训练计划需要根据运动员的不同成长阶段、不同的学习阶段以及不同的生理、心理特点来进行制定,这就是训练计划的可操作性原则。在这一原则下,制定出的训练计划应保持清晰的理论性和良好的实用性,无论是教练员或者运动员本人都可以按照计划安排的训练程序、内容与方法,根据不同年龄阶段和运动等级进行训练。因此,排球训练计划由项目和训练对象出发,做到理论与实践相结合,极大地提高了作为训练文件(训练计划)的可操作性。

(十)实战性原则

对于大学生排球运动员来说,排球运动训练旨在提高排球运动能力,而排球运动能力如何要在排球比赛中得到检验,因此,排球运动训练应将比赛与训练有机结合起来,训练过程中提升运动员的专项能力和比赛意识,在比赛过程中检验训练效果,并为赛后的训练提供指导。

在小周期的多周期排球训练中,尤其是排球赛前训练,应有针对性地科学安排对抗赛与热身赛,以达到"以赛促练"的目的。

(十一)创新性原则

"没有创新,就没有发展",排球运动是不断向前发展的,排球运动训练水平的不断发展和提升,与其中的不断创新有着不可分割的密切联系。随着排球运动技术、战术、规则等的不断创新,与排球运动相关的运动设备、器材、营养、卫生、医护等也在不断创新,排球运动训练理念、内容、方法与手段也在不断地创新发展过程中,因此,这就要求必须坚持不断创新的基本原则,努力突破排球运动训练,始终保持运动训练的创新意识和创新能力,以不断优化排球运动训练过程与效果。

二、排球运动学练方法

(一)重复训练法

重复训练法,是保持一定动作负荷、结构反复多次训练。重复训练实践中,运动者在训练中经过不断强化运动条件反射的过程,有利于其掌握和巩固技术动作,使机体产生较高的适应机制,有利于发展机体机能和提高技战术水平。

根据运动训练时间长短,重复训练方法可分为短时间重复训练方法(不足 30 秒)、中时间重复训练方法(0.5~2 分钟)和长时间重复训练方法(2~5 分钟)。

排球重复训练法应用要求如下。

(1)严格按照排球技术规范训练,重复次数要有所规定,但在负荷强度上没有明确要求;训练的量和负荷强度的提升是要逐渐进行的,同时,不管在什么样的情况下,运动员技术的正确性、熟练性都要得到保证。

(2)明确训练的最终目的,使运动员训练的积极性得到有效提升。在排球运动训练中运用这一方法时,要灵活地与一些比赛或游戏活动有机结合起来,从而使运动员的训练兴趣和训练效果都得到保证。

(二)间歇训练法

间歇训练法是在进行完一定量的运动训练后,按照严格规定的时间和方式休息,再开展下次运动训练的方法。

间歇训练法通常分为两种,一种是慢速间歇训练法,其主要特点是练习强度不大(约 30%~50%);另一种是快速间歇训练法,其主要特点是练习强度较大(50%~80%)。

排球运动间歇训练法应用要求如下。

(1)明确训练任务,合理安排间歇训练方案。

(2)根据超量负荷的原理科学安排训练过程。

(3)运动员在运动训练中运用间歇训练法并适应后,可适当调节训练内容与方法等,保证训练的发展性。

(4)间歇训练时往往选择轻微活动的休息方式,因为这种方式能够使血液循环速度加快,使机体尽快适应训练节奏。

(三)持续训练法

持续训练法是指在训练中进行的负荷强度较低、负荷时间较长、无间断地连续的练习方法。持续训练法可以通过长时间低负荷的刺激使运动员产生稳定的机体适应,有助于机体各器官及系统的适应性变化,主要用于运动员发展一般耐力素质的训练。

根据训练持续时间,持续训练法可分为短时间持续训练法、中时间持续训练法和长时间持续训练法。

排球运动持续训练法应用要求如下。

(1)重视运动训练内容的科学选择,应具有多样性,以使运动者始终保持良好的训练参与兴趣与积极性。

(2)科学控制持续训练时间与训练负荷,确保运动训练的安全。

(四)循环训练法

循环训练法是根据训练的具体任务依次完成各个训练小目标(站、点)的训练方法,整个运动训练过程周而复始循环往复地进行。循环训练法可消除枯燥感,有利于增强运动员的肌力、增强心肺机能、发展身体素质,可因人而异地区别对待和解决负荷量问题。

排球运动循环训练法应用要求如下。

(1)训练应突出重点,因人而异地确定负荷,防止疲劳积累。

(2)训练应根据阶段训练任务的变更及时进行调整或变换。

(3)开始时先练一个循环,过 2~3 周再增加一个循环,逐渐增加到 3~4 个循环,最多不得超过 5 个循环。

(五)完整训练法

完整训练法指的是训练的过程从开始到结束完整进行训练的方法。完整训练法适用的范围很广,如单一动作的练习、组合技术动作、集体配合训练等均适用。

排球运动完整训练法应用要求如下。

（1）技战术配合训练中，要将技战术的最终的战术效果作为训练效果的评价标准，以使运动员将技战术有效、灵活使用。

（2）训练应建立在运动员正确、完整掌握技术动作的基础之上。

（六）分解训练法

分解训练法是与完整训练法相对应的训练方法，具体是指在运动训练中，将技术动作或战术配合分解成几个具有独立性的完整的小环节，使运动员逐一完成并掌握这几个环节的训练方法。

分解训练法对于运动者的技术动作的细节表达和掌握具有重要的促进作用，对运动员加强主要技术动作的训练、运动员之间的战术配合的掌握等具有良好的训练效果，并可帮助运动员完成专门训练任务。

排球运动分解训练法应用要求如下。

（1）明确训练难点和要点。

（2）合理分解，不要隔断训练内容之间的逻辑关联。

（3）分解法应与完整法结合使用，技术动作的分解练习再熟练，也要重视运动者完整完成技术动作训练的情况。

（七）多球训练法

多球训练法，实际上就是通过多个球来进行有一定密度和节奏感的训练方法。其在排球运动训练过程中也经常会用到。而且排球运动实践表明，多球训练法在排球运动训练过程中运用的效果是非常理想的。

排球运动多球训练法应用要求如下。

（1）明确训练法的适用情况，排球多球训练并非适合所有的排球运动训练内容。如不适合拦网、防拦回球、对传、对垫等技术训练。

（2）训练时，要做好捡球队员的组织工作、保护措施，确保运动训练的安全性。

（八）模拟训练法

模拟训练是用一种模型去模拟另一系统，并借助模型，通过训练实践进行方案比较的一种"逐次逼近"最佳化的训练方法。在运动中，模拟训练法主要适用于赛前训练。

排球模拟训练法应用要求如下。

(1)明确训练目的。有针对性地模拟以更好地实现训练效果。

(2)充分考虑运动训练的客观环境与条件。

(九)游戏训练法

游戏训练法是通过做游戏的方式来进行排球运动训练的方法,该方法对于调动运动者的训练积极性与主动性具有非常重要的促进作用。

排球运动游戏训练法应用要求如下。

(1)科学选择游戏内容,游戏内容应与运动训练的目的相关。

(2)明确游戏规则,充分做好游戏器材、运动形式、规则准备。

(3)注意游戏过程中的安全问题。

(十)竞赛训练法

比赛训练法是指组织竞争性的、有胜负结果的、以最大强度完成练习的训练方法。比赛训练法能结合实战提高运动员的技术、战术、身体训练水平和心理素质,激发运动员的斗志,创造优异成绩。

排球运动竞赛训练法应用要求如下。

(1)明确比赛目的,如教学赛、表演赛、友谊赛、晋级赛等。以便运动员能结合比赛目的构建比赛心理。

(2)树立正确参赛观念和心态,正确看待比赛结果。

(3)教练员应重视赛后运动员的放松与评价。

(4)关注竞赛安全。

(十一)综合训练法

综合训练法是指把重复训练、循环训练、变换训练等各种训练法结合起来运用的训练方法。

现代高校排球运动训练实践中,以上的各种训练方法并不是单一的存在和使用的,因此,需要通过综合训练来灵活地调节运动员的训练负荷与休息,使其更圆满地达到训练要求,从而有效地发展排球运动素质,提高排球运动水平。

第三节　排球运动学练医务安全指导

高校排球运动教学与训练过程中,会遇到各种运动安全问题,最常见的就是运动损伤和运动疾病的累积发生和突发,这些情况会严重影响大学生的身体健康,并会对排球运动教学与训练过程的持续开展与进行造成影响,因此应慎重对待排球运动学练中的运动安全问题,做好医务监督,教会学生排球运动伤病防护意识、知识与正确应对方法,提高排球运动学练质量。

一、排球运动常见损伤防护

(一)擦伤

擦伤是一种常见表皮损伤,是皮肤受到摩擦而引起的皮肤表层损伤。排球运动中有很多时候会面临着各种姿势的救球技术动作的施展,击球和救球之后倒地容易发生擦伤。

1. 损伤征象

擦伤后,多可表现为皮肤表皮剥脱,可伴渗液、出血。

2. 处理方法

(1)较轻擦伤,生理盐水冲洗,涂抹红药水或紫药水或 0.1％新洁尔溶液。

(2)大伤口擦伤:用生理盐水棉球轻轻刷洗、清理创面中的异物,用碘酒或酒精消毒,涂云南白药,纱布包扎。

(3)关节擦伤,注意清洗、消毒,再涂抹医用止血止痛药,如青霉素软膏。

(二)挫伤

挫伤,是一种受钝性外力作用产生的伤口闭合性损伤,与擦伤相比,挫伤的损伤程度要更深。

1. 损伤征象

伤后可伴有肿胀、疼痛、出血等现象的发生。

2. 处理方法

(1)伤后即刻局部冷敷、外敷新伤药。

(2)四肢挫伤：建议对伤部进行包扎固定后，必要时应及时送医接受治疗。

(3)头部、躯干部严重挫伤：观察伤者是否应受伤有休克、大出血现象，如有应先进行休克处理，尽快止血，及时送医。

(4)手指挫伤：冷水冲淋、按压止血，包扎。

(5)面部挫伤：冷敷，24 小时后热敷；如伤口崩裂伤应送医缝合。

（三）拉伤

拉伤是肌肉过度收缩或拉长致伤。排球运动学练过程中，如准备活动不充分、动作用力过猛均可引发拉伤。

1. 损伤征象

肌肉压痛、肿胀，或者肌肉痉挛。

2. 处理方法

(1)轻度拉伤：轻者可立即冷敷，局部加压包扎，抬高患肢。24 小时后可实施按摩或理疗。

(2)严重拉伤：病情严重者急救后，应立即送医院处理。

（四）扭伤

扭伤，主要是肌肉、韧带、关节因活动不充分或者动作幅度过大、运动方向不当而产生的运动部位的肌肉、韧带、关节扭伤。

1. 损伤征象

疼痛、肿胀，严重者可导致运动部位和组织活动受限。

2. 处理方法

(1)指关节扭伤:冷敷,牵引放松,固定伤部。

(2)肩关节扭伤:冷敷和加压包扎。24 小时后可进行按摩、理疗或针灸治疗;如有韧带断裂时,应及时就医。

(3)腰部扭伤:平卧休息,伤部冷敷。

(4)膝关节扭伤:压迫痛点止血,抬高伤肢,加压包扎。及时就医。

(5)踝关节扭伤:用拇指压迫痛点,轻伤可用弹力绷带包扎固定;韧带断裂应进行压迫包扎并及时就医。

(五)关节脱位

关节脱位,指关节离开关节应在位置。排球运动中关节脱位的现象比较少见,多见于摔倒后的踝关节扭伤和脱位,或者摔倒后腕部、肘部支持导致脱位。

1. 损伤征象

疼痛、肿胀,有撕裂感,关节功能丧失。

2. 处理方法

(1)如有经验,及时复位,固定伤肢,送医检查。

(2)如无复位经验,及时送专业医师做复位处理,切忌盲目、随意复位。

(六)腰肌劳损

腰肌损伤,又称腰肌筋膜炎,排球中的许多舞步、旋转、移动动作的完成,都需要腰部发力,腰部劳损是排球常见运动损伤,排球运动学练期间,如果运动者的腰部长期保持一个身体姿势时,可出现腰部肌肉酸痛,长期得不到缓解和休息可导致腰肌劳损。

1. 损伤征象

腰部肌肉酸痛、刺痛。

2. 处理方法

(1)采用理疗、按摩、针灸、封闭、口服药物、用保护带及加强背肌练习等非手术治疗手段。

(2)顽固病例应进行手术治疗。

(七)髌骨劳损

髌骨劳损是髌骨的关节软骨面和髌骨因缘股四头肌张腱膜的附着部分的慢性损伤。

1. 损伤征象

膝软与膝痛感,特殊气候(如阴天下雨)中伴有不适和疼痛。

2. 处理方法

(1)调整运动量,注意休息。

(2)注意伤部的积极性休息和放松整理。

(3)采用按摩、揉捏、搓等手法依次反复按摩和点压髌骨周围穴位等方法。

(八)韧带损伤

在排球运动中,运动员在紧急情况下做大幅度的击球动作时容易造成韧带损伤。

1. 损伤征象

伤部有疼痛感,可伴有内细胞组织出血现象。

2. 处理方法

(1)弹力绷带做 8 字形(内侧交叉)压迫包扎,继续用冰袋冷敷,若无条件则可用凉水降温,缓解疼痛。

(2)利用棉花夹板固定,加压包扎、制动,减少出血、止痛,以避免并发症。

(3)韧带完全断裂者及时送医院处理。

（4）伤后 24 小时左右可中药外敷或内服、按摩、理疗,促进淋巴和血液循环,加速渗出液和积血的吸收。

（5）损伤严重者应及时就医。

（6）膝内侧副韧带完全断裂应手术缝合。

（九）腰椎间盘突出

腰椎间盘突出,又称"腰椎间盘纤维环破裂""腰椎间盘髓核突出",一般为外力作用所致,运动者长期反复损伤有诱发可能。

1. 损伤征象

伤后即刻腰侧剧烈疼痛、痉挛,活动受限,夜晚疼痛加剧。

2. 处理方法

（1）轻度损伤:注意休息,并进行按摩推拿治疗,待症状明显减轻或基本消失后,可进行有针对性的运动康复训练。

（2）急性期损伤:应卧床休息。

（十）出血

出血是指皮肤组织被破坏,血液流出,出血后应及时、正确止血,并及时进行包扎。

1. 止血

（1）指压止血

①掌指出血:按压桡动脉及尺动脉。

②下肢出血:两手拇指重叠,在腹股沟中点稍下方,将股动脉用力压在耻骨上支上。

③足部出血:压迫足背及内踝后方胫动脉和胫后动脉。

（2）止血带止血

用气止血带（或皮管、皮带）缚在出血部近端,上肢每半小时、下肢每 1 小时放松一次,以免肢体麻痹或坏死。

2. 包扎

用绷带和三角巾（或布条）包扎出血部位或肢体。

如果在排球运动学练期间发生严重的运动损伤事故,造成运动者出血不止或出血致休克者,应及时输血或手术治疗。

(十一)骨折

骨的完整性遭到破坏的损伤称为骨折,排球运动中,身体受到过度冲撞(与同伴、器材、地板等)可导致骨折。

1. 损伤征象

疼痛,伤部骨骼扭曲,有开放性伤口且严重者可见骨骼。

2. 处理方法

(1)不要随意移动受到肢体,应采用夹板或其他代用品固定伤肢。
(2)患者出现休克现象时,应先对患者进行人工呼吸。
(3)伤口出血不止,应及时采取止血措施,并送往医院进行治疗。

二、排球运动常见疾病防护

(一)过度紧张

大学生选修排球运动课,在刚接触排球运动时会有不同程度的心理紧张,可导致肢体的僵硬和肌肉紧张,因此,过度紧张多见于排球初学者,或者突然接触大强度运动训练者。

1. 主要病症

(1)轻者头晕、眼前发黑、面白、无力、站立不稳,恶心呕吐,脉搏快速细弱。
(2)严重者会出现嘴唇青紫,呼吸困难,右季肋部疼痛,心前区痛。
(3)昏厥。知觉丧失、昏倒、面色苍白、出冷汗、手足发凉,清醒后头疼、头晕、无力,还伴有恶心及呕吐、耳鸣等。
(4)脑血管痉挛。肢体麻木,动作失调,头痛、恶心及呕吐。

2. 处理方法

（1）停止运动，注意休息，有条件者可服用 50％的葡萄糖或镇静剂。
（2）急救时，患者平卧，衣服松解，同时注意保暖，点掐其内关和足三里穴。
（3）昏迷者，可掐人中使患者苏醒。
（4）休克者，先进行休克处理。

（二）肌肉痉挛

肌肉痉挛，即抽筋，是肌肉的不自主抖动，排球运动学练准备不足时参与大强度运动可导致抽筋，多见于小腿抽筋。

1. 主要病症

肌肉不自主肉强直收缩，僵硬，疼痛难忍，有活动障碍。

2. 处理方法

（1）肌肉痉挛较轻者，牵引痉挛肌肉。
（2）大腿后群肌肉、小腿腓肠肌痉挛者，尽力直膝、伸踝、拉长痉挛肌肉。

（三）延迟性肌肉酸痛

对于缺乏排球运动经验者，或者长期保持一定运动训练强度的大学生排球运动员，在突然一次性的大强度排球运动后的一段时间（24～48小时），机体部分肌肉肌纤维痉挛。

1. 主要病症

肌肉酸痛，涨、麻感，这就是延迟性肌肉酸痛。

2. 处理方法

（1）热敷或按摩或口服维生素 C。
（2）推拿按摩，或就医进行针灸、电疗治疗。

（四）运动性低血糖

低血糖是指个体空腹时血糖浓度低于 50 毫克/分升的一种症状表现。在排球运动中,运动者长时间剧烈运动,或运动前饥饿,都可导致低血糖病症。

1. 主要病症

轻者面色苍白、心烦易怒;重者视物模糊、焦虑、昏迷。

2. 处理方法

(1)平卧、保暖,饮浓糖水或吃少量食品。
(2)昏迷者,可针刺人中穴,并迅速就医。

（五）运动性高血压

运动性高血压,是应运动引起的血压升高。老年人参与超出身体负荷的大强度、长时间的排球健身也可诱发高血压。

1. 主要病症

头痛、头晕、睡眠不佳,一度产生贫血症。

2. 处理方法

(1)调节负荷量,注意休息。
(2)对原发性高血压病患者应避免剧烈运动,生活要有规律,劳逸结合。
(3)给予药物治疗。

（六）运动性贫血

排球运动训练过程中,负荷安排不当,可导致运动者机体血液中红细胞数和血红蛋白量低于正常值的现象称为运动性贫血。正常男子的血红蛋白含量为 0.69～0.83 毫摩尔/升,正常女子的血红蛋白含量为 0.64～0.78 毫摩尔/升。

1. 主要病症

患者可有头晕、恶心、呕吐、气喘、体力下降、疲倦、眼花、头痛、记忆力下降等病症。

2. 处理方法

(1)适当减少运动量,必要时可停止运动。
(2)多食用富含蛋白质、铁质、维生素的食物或服用抗贫血药物。

(七)运动性血尿

在运动健身中,如果运动强度过大,超过运动员承受范围有可能引起显微镜下血尿,经检验无原发病的称运动性血尿。

1. 主要病症

轻者仅可在显微镜观察下出现血尿,严重者有直观的血尿现象,并可伴有腹痛、头晕不适。

2. 处理方法

(1)全面检查,排除病理性血尿,以免误诊。
(2)出现肉眼可见的血尿时,应立即停止运动。
(3)对出现少量红细胞而无症状表现的运动者,应减少运动量,并注意观察。

(八)运动性腹痛

运动性腹痛,因运动不当引起的腹部疼痛。常可由运动导致胃肠痉挛,呼吸紊乱引起。

1. 主要病症

运动前腹部不痛,随着运动进行初选疼痛感,按压可缓解,无其他并发症。

2. 处理方法

(1)了解腹痛的性质和部位,排除病理因素。

(2)运动性腹痛,减小运动量和强度或停止运动,调整呼吸、动作节奏。

(3)肠胃炎、阑尾炎、其他系统炎症引起腹痛应及时就医治疗。

(九)中暑

运动性中暑多发生在夏季户外排球运动中,当人体运动时产生的热超过了身体的散热能力而发生的高热状态,称为运动性中暑。在炎热的夏季进行排球运动健身锻炼和运动训练较易出现此种现象。

1. 主要病症

通常,运动性中暑是有先兆的,出现症状时可及时采取措施有效避免,例如,如果运动者有头晕、头痛、呕吐,体温升高,皮肤灼热干燥等现象,就应该考虑停止运动,进行降温处理。运动性中暑严重者,可有精神失常、虚脱、痉挛、心率失常、血压下降,昏迷症状,应及时采取有效措施。

2. 处理方法

(1)有中暑先兆时,移至通风阴凉处休息,解开衣领,服用清凉饮料、浓茶、淡盐水和解暑药物等。

(2)中暑痉挛时,牵伸痉挛肌肉使之缓解,并服用含盐清凉饮料。

(3)中暑衰竭时服用含糖、盐饮料,并在四肢做重推按摩。

(4)症状表现重或昏迷患者,可针刺人中、涌泉、中冲等穴,并应迅速就医抢救。

(十)昏厥

运动性昏厥,也称重力休克,是暂时性的知觉和行动能力丧失的状态。老年人身体不适时参与排球运动,或者排球运动量超过运动者机体承受范围可诱发运动性昏厥。

1. 主要病症

昏厥前,患者往往会感到头昏,全身无力,眼前发黑,耳鸣,恶心等。

2. 处理方法

(1)平卧,将头放低,足垫高,松解衣带,热毛巾擦脸,做下肢向心性推摩或揉捏,嗅氨水或点掐其人中、百会、合谷等穴,由远心端向近心端按摩下肢,以促使下肢静脉血回心加快。

(2)未恢复知觉前或有呕吐现象时切忌饮食。

(3)醒后可给以热饮料或吃少量食品(低糖者),注意休息。

(十一)月经失调

1. 主要病症

运动导致的女学生月经失调主要有以下几种症状。

月经先期,气不摄血证:量多色淡,质清稀,或淋漓不止,心悸气短,神疲乏力;阳盛血热证:月经量多,色鲜,面赤,易怒,口苦口干,头晕目眩。

月经后期,气郁型:量少色暗有块,排出不畅,小腹胀痛,乳胀胁痛,精神抑郁;血寒型:量少色暗,有块,或色淡质稀,小腹冷痛,畏寒肢冷;血虚型:量少色淡,质清稀,伴有眩晕,失眠,心悸,乏力。

运动性痛经:行经前,腰酸痛,下腹部坠痛难忍,行经后逐渐减轻。

运动性闭经:月经停止一个月或以上。

2. 处理方法

(1)推拿按摩

患者取坐位或卧位,术者立于患者侧面,术者取关元、气海、足三里、三阴交、肾俞、太溪、太冲、天枢等穴推、按、擦揉。

(2)中医治疗

气不摄血证:宜益气补血,用归脾汤,水煎,温服,一日 1 剂,一日 3 次。

阳盛血热证:宜清热止血,用清热凉血方,水煎,温服,一日 1 剂,一日 3 次。

血虚型:宜补血益气,用人参养荣汤,水煎,温服,一日 1 剂,一日 3 次。

血寒型:宜益气补血,用趁痛散,上药研粗末,一次 15 克,水煎去渣后分 2 次热服。

气郁型:宜疏肝行气,活血止痛,可用柴胡疏肝散,水煎,温服,一日 1 剂,一日 3 次。

(3)西医治疗

可用氨甲苯酸或酚磺乙胺等止血剂。出血量大可服用避孕药。

第五章　高校排球运动教学与训练基础

　　排球运动参与是一个严谨的过程,在正式参与排球运动之前和排球运动参与过程中,应重视自身的排球运动基本素质基础的训练,以为进一步的排球运动专项体能、心理、技能学习奠定良好的素质基础。本章主要就排球运动的基础性身体素质、心理素质、智能素质的内容教学与训练方法进行系统阐释,以为排球运动者科学参与系统的排球运动教学与训练提供基础理论与实践指导。

第一节　排球运动身体素质训练

　　排球运动身体素质训练是高校排球运动教学与训练的重要基础性内容,教师必须重视对学生的基础性身体素质的训练,以提高学生的身体素质水平,使其能更快地掌握排球运动技术并为进一步的排球运动专项身体素质提高奠定良好的素质基础,同时,良好的身体素质训练也有助于学生在排球运动具有一定难度的体能、技能训练中有效预防运动损伤和伤病的发生,提高教学与训练的安全性。

一、排球力量素质训练

　　力量素质是人体从事生理活动和参与体育运动的基本身体素质,高校排球运动教学与训练中,力量素质训练是学生参与排球运动的重要基础。

（一）上肢力量训练

1. 手指手腕力量训练

（1）手指用力屈伸练习。

（2）屈腕：坐姿，肘部放于膝盖，双手持杠铃，手腕连续屈伸（图5-1），以发展前臂前部和屈腕肌群力量。

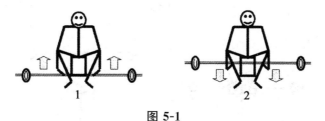

图 5-1

2. 手臂力量训练

（1）原地拉胶带：将长胶带一端固定，两脚前后开立，以胸带臂拉引胶带（图5-2）。

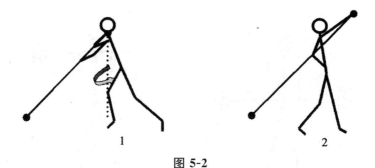

图 5-2

（2）仰卧起拉胶带：坐在横向的鞍马上，臂手握胶带固定于颈侧，用力拉胶带坐起，反复练习（图5-3）。

（3）颈后伸臂：直立，双手头后反握轻杠铃，上举，还原（图5-4）。

（4）屈肘：身体直立，双手体前反握杠铃。屈双臂，上举，还原（图5-5）。

图 5-3

图 5-4

图 5-5

（5）实心球俯卧撑：双手撑实心球，两脚分开，脚尖支撑，躯干平直，在球上做俯卧撑（图 5-6）。

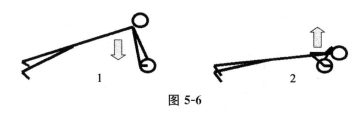

图 5-6

（6）瑞士球俯卧撑：双手撑瑞士球，两脚分开，脚尖支撑，躯干平直，在球上做俯卧撑（图 5-7）。

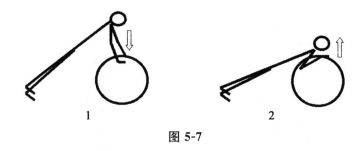

图 5-7

（7）仰卧伸臂：瑞士球上仰卧，双手持哑铃，直臂举，屈肘回（图 5-8）。以发展上臂后部肌肉群力量。

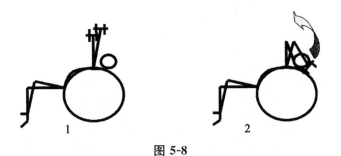

图 5-8

（8）引体向上：发展肩部和臂部肌群支撑力量。双手握单杠，向上拉引身体（图 5-9）。

（9）双杠臂撑起：双杠直臂、屈臂支撑身体（图 5-10）。

（10）倒立走：倒立移动走（图 5-11），发展肩部和臂部肌群力量。

（11）爬绳：双手攀绳，引体上爬（图 5-12），以发展肩部和臂部肌群力量。

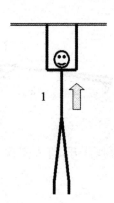
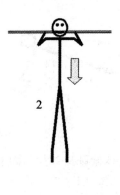

图 5-9

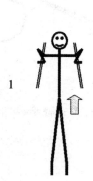
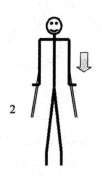

图 5-10

图 5-11　　　　　图 5-12

（二）躯干力量训练

（1）顶墙送髋：前臂靠墙支撑身体，头靠在双手上，身体向墙倾斜。后脚正对墙，脚跟贴在地面，向前送髋，直背、紧张，牵拉 10～15 秒。双腿轮流练习。

（2）弓箭步压髋：弓箭步站立，前腿屈膝弓腿 90°，后腿膝触地，呼气，下压后面腿和髋部，换腿反复习练。

（3）双手叉腰转体：两脚开立，双手在髋以上叉腰，上体转向一侧，同时，头向后转，目后视，保持动作 10 秒。换方向练习。

（4）体前屈：两脚开立，徒手俯身以手触脚尖，或肩上负重进行体前屈（图 5-13）。

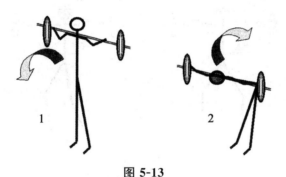

图 5-13

（5）体侧屈：两脚开立，徒手左右屈上体 90°，或肩负杠铃或手持哑铃（图 5-14）。

图 5-14

(6)背肌转体:俯卧在山羊上,固定腿部,双手头后交叉抱头,上体后屈,再还原至水平位置左右转体,反复练习。

(7)负重转体:两脚开立,屈膝,肩部扛杠铃,两手平伸扶杠铃,向体侧转体90°,还原向前,再向另一侧转体90°(图 5-15)。

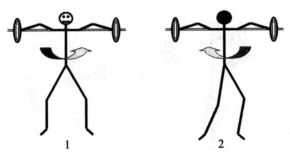

图 5-15

(8)仰卧起坐:平躺,直腿,双手抱头后,腰腹用力,上半身坐起,再躺下,反复起。

(9)球上仰卧起坐:仰卧于瑞士球上。双脚开立支撑地面,仰卧起坐(图 5-16)。

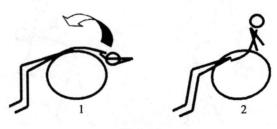

图 5-16

(10)俯姿平撑:俯卧,屈肘、脚尖撑地,双腿伸直(图5-17)。

图 5-17

　　(11)俯姿平撑提腿:俯姿平撑,提起一条腿(图5-18)。

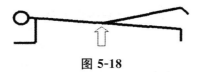

图 5-18

　　(12)俯姿桥撑:俯姿平撑,提起臀部,屈膝,身体成桥形(图5-19)。

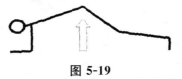

图 5-19

　　(13)仰姿桥撑:仰卧,双臂体侧支撑,双脚撑地,双腿屈膝、并拢,提髋,身体成桥形(图5-20)。

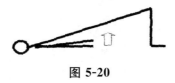

图 5-20

　　(14)两头起:仰卧,腰腹用力,快速屈体,手脚接触(图5-21)。

图 5-21

(三)下肢力量训练

(1)"矮子"步行走,要求双手摸脚后跟。

(2)勾、绷脚:直角坐,两臂体侧撑地,挺胸立腰,并腿,绷脚尖,屈伸足背。

(3)坐伸腿:屈腿提膝坐,两手扶膝,抬头,直腿上举;还原。

(4)仰卧腿绕环:仰卧,上举腿做绕环动作。

(5)侧卧腿绕环:发展大腿内侧肌群力量。斜板上侧卧,举腿绕环(图5-22)。

图 5-22

(6)跳起手触脚:垂直上跳,直腿、收腹、屈髋、身体前倾,双手触脚尖(图5-23)。

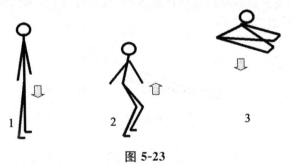

图 5-23

(7)挺身展髋、双脚连续起跳挺身展髋(图5-24)。

二、排球速度素质训练

排球运动对运动参与者的速度具有一定的要求,如果不具备一定的速度基础,则学生就不能准确掌握排球运动技术技能,也不能在排球比赛中很好地移动、击球、与同伴配合,因此,排球速度素质训练是高校排球运动教学与训练的重要和必要内容。

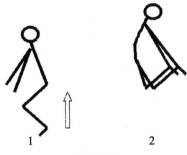

图 5-24

(一)反应速度训练

(1)两人拍击:拍击对方背部,同时避免被对方击中(图 5-25)。

图 5-25

(2)起动追拍:两人一组前后听信号拍击追跑(图 5-26)。

图 5-26

(3)反应起跳:围圈向内站立,圈内大约站1~2人,站立圆心的人手拿长度超过圆圈半径的树枝或竹竿绕过站圈人脚下来划圆,及时起跳躲避竹竿(图 5-27)。

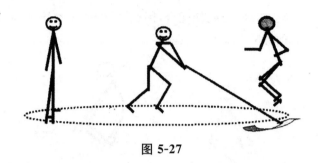

图 5-27

(4)贴人跑：两两前后站立,面向内圈,左右间隔 2 米。两人圈外跑动追逐,被追者站在某两人前时,后面第三者成为逃跑者,追赶者追第三者(图 5-28)。

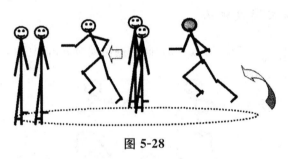

图 5-28

(5)老鹰抓小鸡：以游戏形式训练学生的反应速度(图 5-29)。

图 5-29

(二)动作速度训练

1. 上肢动作速度训练

(1)快速提转哑铃：双手持哑铃,快速外展、提拉、收回。

(2)快速引体：快速引体向上。

(3)快速抓住落下的物体(如直尺、小球、笔)。

(4)纵向飞鸟:体侧直臂快速提杠铃至头顶,还原(图5-30)。

图 5-30

(5)横向飞鸟:体侧直臂水平、快速向后移动杠铃,还原(图5-31)。

图 5-31

2. 下肢动作速度训练

(1)原地快速高抬腿(图5-32)。

图 5-32

（2）后踢腿，摆动腿脚跟拍击臀部（图 5-33）。

图 5-33

（3）立定跳远：两脚开立，下蹲，两腿用最短时间完成蹬伸动作，起跳（图 5-34）。

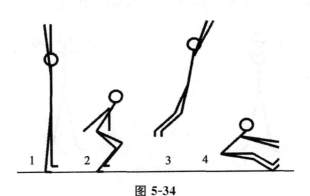

图 5-34

（4）单足跳：起跳腿蹬伸，大小腿尽快折叠，以膝领先上摆，两腿交换，积极落地（图 5-35）。

图 5-35

(5)跨步跳:以髋发力,大腿上摆,腾起,在空中形成一个跨步(图5-36)。

1　　　　　　2　　　　　　3

图 5-36

(6)连续蛙跳:两脚多次完成起跳动作与落地动作。

(7)负重弓箭步交换腿跳:弓箭步姿势,跳跃交换双腿位置(图5-37)。

图 5-37

(8)跳栏架:两脚起跳依次通过栏架(图5-38)。

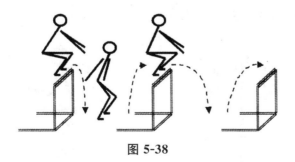

图 5-38

(9)跳深:从跳箱上跳下,再迅速跳上下一个跳箱(图5-39)。

(10)绳梯180°转体跳:身体半蹲,双脚开立,每只脚站在一个格子里。身体跳起空中转体180°,双脚各落在前面格子中。重复习练(图5-40)。

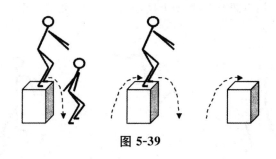

图 5-39

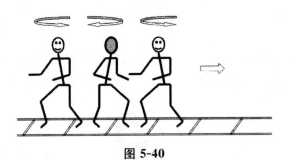

图 5-40

(三)位移速度习练

1. 上肢和躯干位移速度训练

(1)前后摆臂练习(图 5-41)。

(2)跑步动作平衡练习(图 5-42)。

图 5-41

图 5-42

(3)持球大幅度转身摆臂(图 5-43)。

1   2   3

图 5-43

2. 下肢位移速度训练

(1)直腿跑。

(2)脚回环:单腿支撑,手扶固定物,一只脚以短跑动作回环(图 5-44)。

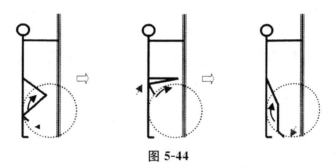

图 5-44

(3)高抬腿跑绳梯(图 5-45)。

图 5-45

（4）单腿（双腿）过栏架跑（图 5-46）。

图 5-46

（5）拖轮胎（拖人）跑（图 5-47）。

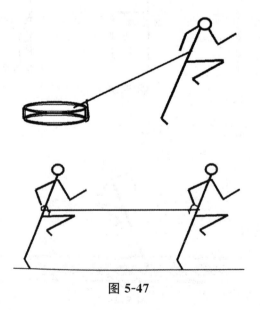

图 5-47

三、排球耐力素质训练

正规的排球运动比赛赛制为五局三胜制,要坚持完成整场的排球比赛需要一定的耐力。日常排球运动健身中,丰富的排球技术应用、战术配合也需要运动参与者具备一定的耐力素质,良好的耐力素质可以确保运动者能高效率、高质量完成排球技术动作,并且可以有效避免过早疲劳而引发的损伤。

(一)有氧耐力训练

(1)持续走。以 80%～85% 的运动强度走 3 000～6 000 米。

(2)重复走。在规定时间内完成一定距离(如 400 米)的竞走练习。

(3)间歇跑。在 30 秒完成 200 米跑,练习 6 组,以 200 米慢跑作为间歇。

(4)定时跑:15 分钟定时跑练习,保持 50%～55% 的练习强度。

(5)定时定距跑:18 分钟左右,跑 3 600～4 600 米。

(6)重复爬坡跑:在斜坡道(15°)进行反复上坡跑练习。

(7)法特莱克跑:自由变速,约 30 分钟左右。

(8)越野跑:距离在 4 000 米以上。

(二)无氧耐力训练

(1)间歇行进间跑:进行 30 米、60 米、80 米、100 米等短距离的行进间跑练习。

(2)沙滩跑:在沙滩上进行快慢交替跑练习,每组 500～1 000 米。

(3)反复变向跑:听口令或看信号做不同方向的变向跑。每次 2 分钟,共 3～5 次,间歇 3～5 分钟,练习强度 65%～70%。

(4)迎面拉力反复跑:分为两队,每队 4～5 人,两队相距 100 米站在跑道上迎面接力跑,每人重复 5～7 次,练习强度 70%～80%。

(5)法特莱克跑:阶梯式加速变速跑 3 000～4 000 米,强度为 60%～70%。

(6)跳绳接力跑:间歇 5 分钟,强度为 60%～65%。

四、排球柔韧素质训练

排球运动中竞争激烈,在紧急情况下常常需要运动员增加身体移动幅度去救球,需要运动者完成有很大幅度的跨、展、拉、弯等动作,如跨步抢救低而远的球、展腹和和拉臂扣位置偏后的球等,这些动作都需要排球运动参与者具备良好的柔韧素质,因此,柔韧素质也是排球运动教学与训练的重要内容之一。

(一)上肢柔韧训练

(1)压腕练习:跪撑正压腕、跪撑反压腕、跪撑侧压腕(图5-48)。

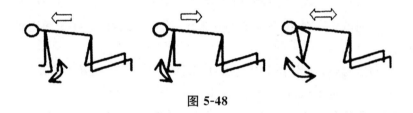

图 5-48

(2)颈后拉臂:头后拉对侧手肘(图5-49)。

(3)背后拉毛巾:一只臂肘关节在头侧,另一只臂肘在腰背部,双手握一条毛巾逐渐互相靠近(图5-50)。

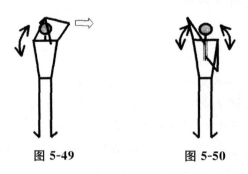

图 5-49   图 5-50

(4)向内拉肩:两臂抬起至肩部高度,交叉,一只臂抓住对侧肘关节水平拉近(图5-51)。

(5)背向压肩:背对墙站立,双臂后抬,直臂扶墙,屈膝,直臂(图5-52)。

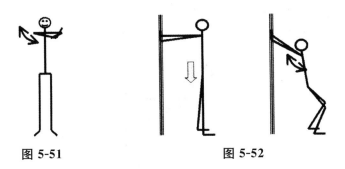

图 5-51   图 5-52

(6)握棍直臂绕肩,从体前,直臂握棍向上向后举,再还原,反复练习(图 5-53)。

图 5-53

(二)躯干柔韧训练

(1)助力侧屈体:两人一组,练习者双脚并拢,协助者站在练习者身体一侧,帮助和保护练习者侧屈(图 5-54)。

图 5-54

（2）站立伸背：双脚并拢站立，双手扶栏杆，上体前倾至与地面平行，背部下凹形成背弓（图5-55）。

图 5-55

（3）直臂开门拉胸：在一扇打开的门框内，掌心对墙，身体前倾拉伸胸部（图5-56）。

图 5-56

（4）体前屈蹲起：双脚并拢俯身下蹲，双手手指向前，躯干贴大腿，伸膝（图5-57）。

图 5-57

（5）俯卧转腰：俯卧于台子上，躯干上部悬空，肩上扛木棍转动躯干（图5-58）。

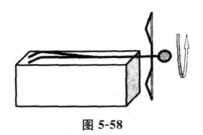

图 5-58

(6)弓箭步压髋:弓箭步,下压后面腿髋部(图 5-59)。

图 5-59

(7)仰卧团身:仰卧,屈膝,双脚滑向臀部。双手扶膝,向胸部和肩部牵拉双膝,提髋离开垫子(图 5-60)。

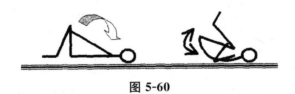

图 5-60

(8)上体俯卧撑起:俯卧,双手在髋两侧撑地,双臂伸直撑起上体,头后仰,背弓(图 5-61)。

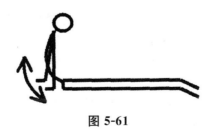

图 5-61

（9）倒立屈髋：仰卧，举腿垂直倒立，头、肩、上臂支撑，双手扶腰，双腿并拢，直膝，双脚触地（图 5-62）。

图 5-62

（三）腿部柔韧训练

（1）弓箭步拉伸：弓箭步站立，前脚续前移，后面腿的髋部下压（图 5-63）。

（2）体侧屈压腿：侧对高台，将一只脚放在台上。双手头上交叉，呼气，向台子方向体侧屈（图 5-64）。

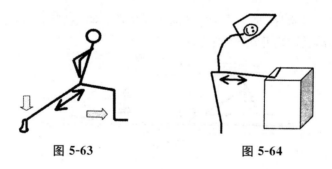

图 5-63   图 5-64

（3）站立拉伸：背贴墙站立，直膝抬腿。同伴用双手抓住踝关节上举腿（图 5-65）。

（4）仰卧拉伸：仰卧，直膝抬起一条腿，固定骨盆水平。同伴帮助继续提腿（图 5-66）。

（5）跪撑侧分腿：双腿跪立，直臂撑地。一条腿侧伸，屈肘，降下髋部至地面，外转髋（图 5-67）。

（6）青蛙伏地：分腿跪地，前臂向前以肘关节支撑地面。前伸双臂，胸和上臂完全贴地（图 5-68）。

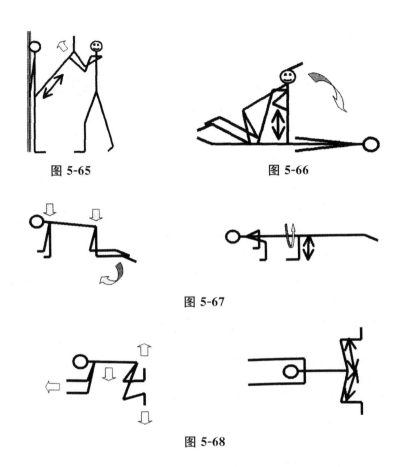

图 5-65　　　　　　　　图 5-66

图 5-67

图 5-68

（7）坐拉引：坐在地面，直腿，一只手抓一腿脚跟内侧，举腿与地面垂直（图 5-69）。

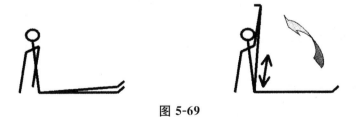

图 5-69

（8）直膝分腿坐压腿：双腿尽量分开坐在地面，转体，上体前倾贴在一条腿上部（图 5-70）。

图 5-70

五、排球灵敏素质训练

排球比赛对于网上的争夺异常激烈,受各种因素的影响,常会发生各种突发状况,面对这种情形运动员必须要具备快速敏捷的反应能力,高校大学生参与排球运动应具有一定的灵敏素质基础,如此便能在运动中灵活、快速、准确处理球、人之间的关系,并确保排球技战术实施的质量。因此,排球教学与训练中,灵敏素质训练也是必不可少的。

排球灵敏素质训练内容与方法非常丰富,具体如下。

(一)基础灵敏素质训练

(1)听或看信号前、后滑跳移动。

(2)转体练习:正踢腿转体;弓箭步转体;30 秒立卧撑跳转体;向前、后快速蹬步转体练习。

(3)左、右连续转髋练习,上体不动,仅下肢转动。

(4)各种综合性地跳的练习,如原地团身跳。

(5)各种跑的练习,如快速移动跑、越障碍跑。

(6)跳绳练习:双人跳绳、跳波浪绳、跳蛇形绳等。

(二)有侧重的灵敏素质训练

1. 反应能力训练

(1)按有效口令做动作。

(2)做与口令相反动作。

(3)原地、行进间或跑步中听口令做动作。如喊数抱团成组、运算得数抱团。

(4)一对一追逐模仿。

(5)一对一抢对方后背号码。

(6)听信号或看手势跑、停、转身、变向。

(7)听信号的各种姿势起跑。如站立式、背向、蹲、坐、俯卧撑等姿势。

(8)一对一脚跳动猜拳、手猜拳、打手心手背、摸五官等训练。

(9)各种游戏,如叫号追人、追逃游戏、抢占空位、打野鸭、抢断篮球等。

2. 平衡能力训练

(1)一对一面向站立,双手直臂相触,虚实结合相互推,使对方失去平衡。

(2)一对一弓箭步牵手面向站立,虚实结合互推互拉使对方失去平衡。

(3)各种站立平衡,如俯平衡、搬腿平衡、侧平衡等。

(4)头手倒立,如肩肘倒立、手倒立停一定时间。

(5)在肋木上横跳、上下跳训练。

(6)急跑中听信号完成急停动作。

(7)在平衡木上做一些简单动作。

(8)发展旋转的平衡能力训练。

①用手扶住体操棒,松手转身击掌再扶体操棒使其不倒。

②向上抛球转体 2～3 周再接球。

③跳转 360°后直行。

④闭目原地转 5～8 周,闭目直线走 10 米。

⑤绕障碍曲线转体跑。

⑥原地跳传 180°、360°、720°落地站稳。

3. 协调能力训练

(1)一对一背向互挽臂蹲跳进、跳转。

(2)模仿动作训练。

(3)多种徒手操训练。

(4)双人头上拉手向同方向连续转。

(5)脚步移动训练。例如,前后、左右、交叉的快速移动,单脚为轴的前后、转体的移动。左右侧滑步、跨跳步的移动。

(6)跳起体前屈摸脚。

(7)双人跳绳。

(8)做不习惯方向的动作。

(9)改变动作的连接方式。

(10)动作组合训练。如原地跳转360°接跳远、前滚翻交叉转体接后滚翻、跪跳起接挺身跳等。

第二节　排球运动心理素质训练

排球运动中,心理素质是影响运动参与者(无论是学生还是专业运动员)的一个重要运动因素,排球运动训练可以促进运动者的心理素质的发展,同时,良好的心理素质可以促进运动者更积极、主动地参与排球运动训练,并努力克服排球运动体能、技能学练中的一切困难,不断巩固提高,并进一步具备良好的排球运动专项心理素质基础,可以更好地在排球运动中应对不同学、训、赛况,及时正确调节心理,发挥良好的运动能力水平。

一、排球一般健身心理素质训练

高校大学生参与排球运动健身,需要不断强化运动健身意识、树立终身体育意识,并在日常运动训练过程中坚定信心、注意运动安全,这些都是需要教师在高校排球运动教学中不断强调和传输给学生的。

排球一般健身心理素质训练重在科学体育观和运动健身意识的培养,具体如下。

(一)树立正确运动观,坚定意志品质

排球运动健身需要不断进行排球运动体能、技能的学练,这个过程是艰辛的,需要克服来自主观和客观各个方面的不同的困难,要想具有良好的排球运动体能、技能水平,就必须要加强日常的训练,心理训练也是日常训练的重要内容。

对于高校大学生来说，即使是排球运动天赋较高、运动能力天生较强，也需要不断练习才能巩固提高，长期坚持排球运动健身是一件可以受益终身的事情，高校大学生应树立正确的排球运动价值观，努力克服各种困难坚持排球知识、体能、技能学习，坚持终身参与排球运动，不要轻言放弃。

（二）培养自信，端正运动训练态度

不论是在生活、学习、工作中，还是在运动员的运动训练中，自信心都是非常重要的。高校大学生参与排球运动，能从排球运动中获得运动快乐，并获得心理满足、认同与成就感。但是排球运动学练并非一帆风顺，排球运动参与过程中，大学生应坚定自信，不要有"学不会""练不好"的压力，不能在体能、技能学练中畏手畏脚，显得极不自信，这样就会导致无法发挥出正常水平，难以取得良好的运动效果。

建立良好自信心是高校大学生学好排球运动技能、展现个人体育运动风采的重要基础。

此外，排球运动学练必须要务实、踏实学练每一个技术动作，不能投机取巧，排球运动学练没有捷径，只有不断地身体练习才能具备扎实的体能与技能基础，"踏实学练"是参与排球运动健身锻炼的一个重要态度问题。

（三）注重专门化知觉训练，注意安全

参与排球运动健身锻炼，需要具备一定的专门化知觉，高校大学生在日常排球运动参与过程中，要注重培养和提高自己的专门化知觉。排球运动的专门化知觉包括球感和时空感两部分内容。具体如下。

首先，良好的球感是所有球类运动员都必须具备的，排球运动员也是如此。在排球比赛中，双方对球的争夺贯彻比赛的整个过程，为提高击球技术动作的效果，运动员必须要拥有良好的球感，这样才能准确感知球的运行路线、力量、速度等，为接球、扣球、拦网等技术的发挥打下良好的基础。

其次，就排球运动特点来说，触球时间短，球在空中运动飞行，排球运动比赛对时空的争夺尤为重要，时间和空间是在排球比赛的重要因素，因此，掌握良好的时空感是至关重要的。时空感决定着运动员球感

的精确度,决定着运动员对球的运行速度和落位的判断能力。在排球运动学练中,要重视对自我时空感的训练,这需要高校大学生在排球运动实践中不断练习和体会。

相较于足球、排球运动来说,排球运动隔网对抗,是安全、儒雅的运动,但在运动过程中仍然可能因为各种各样的因素而导致运动损伤的发生,高校大学生参与排球运动健身,不强调像专业的运动员那样大强度、长时间的训练,发生运动伤病的可能性大大降低,但仍应在运动过程中时刻关注运动安全问题,不能掉以轻心。

二、排球竞技比赛心理素质训练

对于专业的大学生排球运动员来说,其要参加各种排球运动比赛,因此在心理素质训练上要充分考虑到比赛期间的比赛心理的调整,对此就要加强比赛心理素质训练。对学生要求较高的教师和自身要求较高的学生在日常排球运动训练中也可参考排球专项比赛心理训练提高自身的心理素质水平。

(一)赛前心理训练

1. 自我认知训练

自我认知训练,简单来理解,就是赛前运动员的一种心理自我肯定与安慰,是提高自身比赛自信心的一种心理训练方法。这一训练方法在排球运动训练中得到了广泛的应用,在具体的操作过程中,运动员暗示自己有足够的实力参赛,能取得良好的比赛成绩;结合对手的技战术特点自己采取何种手段战胜对手等。

2. 心理适应与准备训练

通过心理适应与准备训练,旨在能让运动员提前适应比赛气氛、节奏,顺利过渡和进入比赛心理环境中,帮助排球运动员尽快进入比赛状态。

可利用以下方法提高排球运动员的比赛心理适应力,为参与比赛做好心理准备。

（1）一般准备。一般准备的内容主要包括：事先了解对手的基本情况；了解本方的心理情况；根据比赛规程合理调整心理状态。

（2）模拟训练。模拟比赛环境，熟悉比赛过程与情景。

排球日常教学中，学生难免会产生各种各样的情绪，从而影响教学、训练效果。教师可以尽量真实的还原比赛场景，合理创设符合教学内容的心理训练情境，巩固和强化学生的心理素质。[①]

3. 心理调节训练

为比赛中可能出现的各种影响运动员心理的状况做好抗干扰准备，提高排球运动员的心理调节能力，以便于运动员在面对各种情况时，都能始终以积极的心态去面对比赛。

常用训练方法如下。

（1）赛前谈话。激发运动员参赛动机。

（2）复述比赛程序。让运动员熟悉比赛，消除比赛紧张与恐惧感。

（3）信息回避。回避外界干扰信息，平衡情绪。

（4）心理自我调节。比赛前，预想比赛中成功击球、攻防场景，体会获胜体验。

（5）闭目静坐。帮助运动员放松、增强比赛自信。

（6）催眠放松训练。帮助运动员缓解心理不安状况。

（7）主动疗法训练。主动放松参与运动的肌群，同时利用自我暗示法激活积极的心理状态，激发运动员积极的竞赛情绪状态。

（二）赛中心理调控

排球比赛中，教练员的场上指导是有限的，更多时候运动员需要自己调整心理，始终保持良好心理状态应对比赛，优秀的排球运动员应学会在赛中控制自己的心理状态，对于处理比赛中的各种问题，排球运动员赛中心理调控方法如下。

1. 自我暗示

如果在赛中出现不良情绪，可采用自我暗示的方法来暗示自己，使

---

① 祁燕琴,杨平世.心理训练在高校排球教学中的意义及应用探究[J].体育科技文献通报,2018(3).

自己尽早进入比赛状态,稳定情绪,消除周围环境的不良刺激,从而以更加积极的心态参与比赛。

2. 呼吸调整

排球比赛中,如果节奏非常快,比赛异常激烈,运动员常常会出现一定的心理紧张情绪,在这样的状态下参加比赛是难以获得比赛胜利的,对此,排球运动员应及时缓解紧张的心理情绪,调整不良心理状态,可通过深呼吸来调整身心紧张状态,同时可为运动提供更多氧供应。

3. 注意力转移与集中

排球比赛中,当受到不良因素刺激时,运动员应调整比赛注意,使自己的注意从不良因素和不受控制的因素(如观众干扰、教练误判)中转移开,使自己的注意力完全集中于比赛上来,全身心投入当前比赛中。

4. 思维阻断

排球比赛变化莫测,在比赛中常会发生一些意外情况,如现场观众不良言语的干扰,大比分落后时,就会导致运动员出现情绪低落的状况,针对这种情况,运动员就可以采取积极思维的方式来阻断消极意识,用积极思维来替代消极思维活动,如"观众在为我加油""下个球一定能击好""稳住,对手马上坚持不住了"。

5. 自我宣泄

针对对本方不利的赛况,运动员可通过擦汗、握拳、呐喊等动作进行自我宣泄,将不良情绪宣泄出来,再调整好心态继续投入比赛。

(三)赛后心理恢复

一场排球运动比赛需要消耗运动员大量的身心能量,赛后,运动员也需要一定的方法促进心理恢复,以调整状态,投入日后的训练。

1. 通过认知调整比赛所带来的消极心理反应

端正比赛心理,做到"胜不骄败不馁",正确看待比赛的胜负。在日常排球运动训练中,运动员要采取必要的手段和措施提高自我认识,正确地看待比赛的胜负,无论在何种比赛条件下都要保持良好的心态。

2. 运用语言暗示及时清除赛后疲劳

排球比赛对运动员的心理消耗非常大,赛后,一些运动员会出现心理疲劳现象,随之就可能出现不良情绪,训练和比赛的兴趣减退,因此就需要调整自己的心理,促使心理疲劳得到尽快恢复。具体来说,运动员可采用自我暗示诱导放松、他人暗示诱导放松的方法,来放松身心。

3. 赛后放松

赛后的身心放松可以通过以下几种方法进行。

(1)运用生物反馈训练法进行心理康复训练。

(2)利用催眠术进行心理康复训练。

(3)通过想象放松训练,解除心理疲劳。

(4)参加娱乐、休闲活动进行放松。

第三节　排球运动智能素质训练

随着现代排球运动的发展,排球运动场上已经不再只是体力、技能的较量,智力因素在排球运动比赛中发挥着越来越重要的作用。日常参与排球运动健身也需要充分了解排球运动各方面的知识,科学合理安排运动训练,排球运动参与过程中不能一味强调运动量不断增大、运动时间不断加长,这显然是不科学和不明智的安排。智能因素在排球运动中的越来越重要的作用使得现代高校排球运动教学与训练中,增加了对运动者的智力素质训练。这是排球运动教学与训练科学发展的结果。

一、排球运动智能训练基础

(一)排球运动智能训练的任务

(1)增强运动员独立参与排球训练和排球赛事的能力。

(2)使运动员具备准确且全面地观察和分析问题的能力。

（3）帮助和指导运动员对自身进行有效监督。

（4）运动员对排球训练和比赛的目的及任务有清晰认识和深度理解。

（5）使运动员对排球比赛规则熟记于心，充分发挥运动员积累比赛经验的主观能动性。

（6）要求运动员熟练掌握切实高效的训练方法和手段。

（7）推动运动员的运动感知觉、运动表象力、动作概念能力的战术思维能力得到快速发展。

（8）培养和增强排球运动员实际操作能力，促使运动员更好地适应训练和比赛。

（9）促使排球运动员全面掌握排球运动特点、规律，提高运动员结合自身状况制订和完善个人训练计划的能力。

（10）指导运动员熟练掌握运动生理学、运动心理学、运动生物力学等方面的基本知识，保证排球运动员能熟练掌握客观评价训练效果的方式方法。

（11）保证排球运动员充分掌握运动医学和运动心理学等方面的知识要点，同时指导他们熟练掌握并运用集简便性和易操作性于一体的测试方法。

（12）提升运动员技能、战术、体能、心理、智能等的综合素质的提高。

（二）排球运动智能训练的要求

（1）深刻领会排球运动员智能训练的多重作用，带动排球运动员自觉参与相关的训练活动，有效激发运动员独立完成训练任务的积极性。

（2）教练员要制订出科学可行的排球运动训练计划，保证智能训练贯穿在不同时间长度的训练计划中，从而使运动员智能水平得到大幅度提升。

（3）促使训练人员与科研人员高效协作、紧密配合，共同研究和解决智能训练过程中出现的问题。

（4）制订评定排球运动员的可行性智能评价制度和方法。

（三）排球运动智能训练的内容

排球运动员具备较高运动智能能提高排球知识、技能学习效率，有助于其准确理解相关技术。结合运动训练和智能发展的研究,一般认为,排球运动智能训练包括以下几方面的内容。

1. 观察力

观察力是指运动员认识专项运动本质规律的具体程度,具体反映为参赛运动员能以最快速度察觉并推断出对方内心活动、技战术实施等,运动员准确而深刻地观察和认识这些情况,有助于排球运动员及时、迅速、正确做出对策。

排球运动智能训练,应注重提高排球运动员收集对方运动员各项信息的准确程度,为运动员进攻动作或者反击动作的准确性和实效性提供保障。

2. 记忆力

记忆是个体大脑对过去经历事物的体现,而排球运动员的记忆力则是其已经具备的技战术水平在参赛时可以体现出来的程度。

具有良好的记忆力有助于高校大学生更好地掌握排球运动知识与技能,对于提高高校大学生的排球运动能力具有重要的促进作用。

就大学生排球运动员来讲,就更要不断提高记忆力,加强记忆力训练,具体来说,参赛运动员技战术水平的发挥和其记忆动作的实际情况存在很大联系,在日常训练中已经熟练掌握的技战术往往会在比赛中经常反映出来。记忆力之于比赛的重要影响在于运动员参赛过程中需要完成这个动作时能否"自动化"地再现出来。具备良好的记忆力可避免排球运动比赛中的以下不良现象的出现。

(1)在比赛场地内紧张氛围的影响下,运动员的记忆力出现凝固,日常运动训练中反复使用的技战术动作往往无法发挥出来。

(2)在想胜怕输思想作用下,运动员行为和动作严谨过度会使记忆进攻动作或者反击动作的反应速度变慢。

(3)比赛中对方有出其不意的动作和战术时,会使运动员紧张,不能从已有经验中搜索整理出正确的应对方案。

3. 想象力

排球运动员的想象力具体是指运动员对技术动作、赛况、战术的再现、发展、创新的能力。

排球运动员想象力的运用范围很广,运动员在训练场上完成所有训练内容都离不开想象力发挥支撑作用。想象力能对技术创新产生显著作用,良好的想象力有助于排球运动员准确判断对方意图,在比赛中出其不意攻其不备。

二、排球运动智能训练方法

(一)丰富理论知识体系

指导运动员学习有关体育教学和运动训练的基本原理知识,从根本上提高运动员掌握和运用技术动作、战术意义的实际效率。

1. 在基础知识的传授中发展智能

(1)教练员要向运动员讲解排球运动的基本概念和基本原理,保证运动员准确掌握和运用训练的有关规律,改善排球运动员思维能力发展效果,为排球运动员实现知识技能迁移创造有利条件。

(2)利用多媒体教学在内的多元化教学手段,指导运动员逐步运用多种思维形式看待问题和处理问题,由此使运动员思维能力得到有效发展。

(3)将学习理论知识和参与排球训练活动有机结合起来,促使排球运动员在运用知识实践中的实际操作能力有所增强。

2. 在排球专项理论知识的传授中发展智能

(1)教练员应用生物力学知识剖析各项技术动作时,要有意识、有目的地增强排球运动员的观察力和思维力。

(2)日常教学训练中不断激发排球运动员积极学习和掌握有关排球运动的赛事规则和裁判方法,促使运动员的思维能力、观察能力以及适应能力有所增强。

(3)丰富排球运动员的知识结构,包括科学安排训练计划、自我监控能力、健康保健知识。

(二)观摩高水平排球赛事

安排排球运动员观摩高水平排球运动比赛中运动员的表现,促使运动员在观察的过程中充分调动思维,设法使运动员的分析能力和智力水平得到大幅度提升,使运动员意识到自身的缺点,逐步达到取长补短的目的,提高掌握动作技能的效率。

(三)注重运动训练实践操作

在运动训练过程中指导运动员深入探讨技术动作和战术配合,将运动员的灵感和智能充分激发出来,高效解决训练过程中的技战术问题。

针对竞赛和训练过程中相关问题的集中归纳,制订具备系统性特征的训练手段,使排球运动训练过程有序开展,结合排球运动心理训练,提高运动员在特殊比赛情景下所产生的特殊心理的状态下对已有知识、技能、经验、现场信息的处理能力。

需要特别指出的是,在排球运动员运动训练过程中,加大运动员技战术能力培养力度的同时,重视技战术能力培养,积极开展一般智力水平测试,把运动员心智技能培养摆在重要位置,重视运动员的智力测评与智力选材。

第六章 高校排球技术教学与训练指导

排球运动技术是高校排球运动教学与训练的重要内容,也是高校排球运动教学与训练的主体部分,通过排球运动技术学练,能为高校大学生参与排球运动奠定良好的技术基础,使大学生的排球运动参与成为可能。排球运动技术学练不仅是运动者参与排球运动的入门基础,通过科学系统的学练还能让运动者真正体会到排球运动的乐趣,并在排球运动学练中避免不必要的运动损伤,因此,在高校排球运动中,技术教学与训练是十分重要而且必要的。

第一节 排球运动技术概述

一、排球运动技术的概念与分类

(一)排球运动技术的概念

排球运动技术概念研究是排球技术研究中较早的一部分内容,随着排球运动发展的逐渐深入,人们对排球运动技术的认识也不断深入,排球运动技术的概念也在不断完善。现状一般认为,运动员在排球比赛中所采用的各种合理击球动作以及各种配合动作统称为排球运动技术。

排球运动技术是个体从事排球运动的重要技能基础。

随着排球运动的不断发展,排球运动的特点越来越鲜明,具体来说,其不仅有着较强的对抗性,还具有激烈的竞争性,鉴于此,为了保证良好的技术运用效果,就要求排球运动员不仅要熟练掌握排球运动的各种攻守技术,还要能够灵活运用,也正因如此,才更加说明了排球运动技术教学与训练的必要性与重要性。

(二)排球运动技术分类

发展到现在,排球运动技术体系已经非常成熟,不同的排球运动技术丰富多样,可应用于不同的排球运动场景中。关于排球运动技术的分类,可以从两个方面进行阐述。

广义的排球运动技术分类,可以将排球技术分为运动员身体部位击球时的动作和配合动作两个方面。

狭义的排球运动技术分类,可以将排球运动技术分为无球技术和有球技术(图 6-1),本书对排球运动技术的分类主要就是从狭义角度来进行划分的。

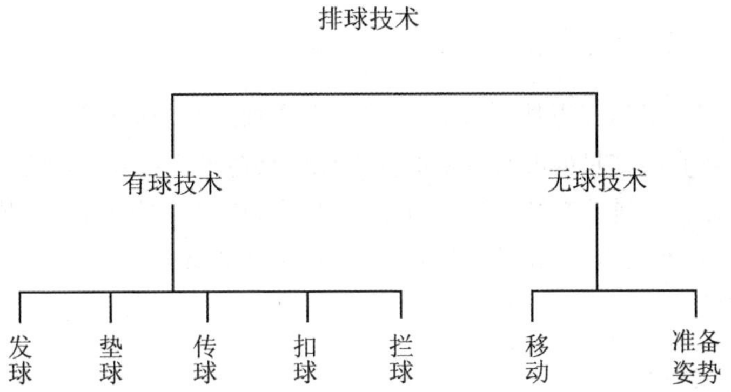

排球技术

有球技术　　　　　　　　　　　无球技术

发球　垫球　传球　扣球　拦球　　移动　准备姿势

图 6-1

二、排球运动技术的特点与要求

(一)排球运动技术的特点

1. 瞬时性

随着排球运动的不断发展,排球运动场上竞争越来越激烈,排球运动的节奏不断加快。这就使得在排球运动参与过程中,运动员的排球运动技术的应用要非常快速地完成。

　　排球运动的强竞争、快节奏,对运动者的排球运动技术动作要求非常高,再加上排球比赛规则在这方面也有相应的要求,这就使得运动者必须在最短的时间内完成击球技术动作,同时,快速、准确完成技术动作。

　　2. 动态性

　　排球的技术动作是一种需要运动员在运动场上快速完成的技术,如果不能快速、准确完成技术动作,就有可能被对方抢占先机,在排球运动比赛过程中,从发球开始到排球落地结束,排球一直处于空中飞行的状态,面对处于不断的运动变化中的球,运动员要及时快速处理,快速反应,不断实施技战术,确保球的正确飞行和始终处于对自己有利的飞行状态。

　　3. 双重性

　　排球技术的应用具有双重性,这种双重性主要是指排球运动技术实施的进攻和防守目的的与效果的双重性。具体来说,排球运动技术动作的属性往往是进攻与防守的有机结合,比如,较为典型的有传球技术、垫球技术、拦网技术等,在排球比赛过程中,运动员所实施的这些技术是可攻可守的。

　　4. 发展性

　　任何事物都是不断向前发展的,排球运动也不例外,随着排球运动的不断发展,排球运动的技术、战术等都在不断发生着变化,其规则也有所改进,随着排球运动技术的成熟和排球运动规则的变化,排球运动的技术也会更加丰富,不断有新的排球运动技术及技术组合出现。

　　(二)排球运动技术的要求

　　现阶段,结合排球运动比赛特点,排球运动技术要求如下。

　　(1)排球运动技术运用的全面性。排球运动对运动参与者的技术要求是全面性的,在高校排球运动教学与训练中,应注重排球运动技术教学与训练的内容的全面性,在学习和掌握排球运动技术方面,遵循全面性的原则,熟练掌握每个技术动作,才能够为运动员技术动作的灵活应用奠定良好的基础,才能够更好地做好攻守转换。

(2)排球运动技术运用的灵活性。排球运动技术的双重性特点决定的排球运动技术的应用可以做到灵活运用,排球运动竞争比赛激烈、比赛节奏快,因此,场上人球关系和攻守变化迅速,同时,每一个运动员都有自己的运动特长和特点,这也要求运动者在排球技术运用中将运动员的个性化特点充分体现出来。因此,排球运动参与者必须结合技术目的、场上赛况、个人特点等灵活运用技术。

(3)排球运动技术运用的合理性、准确性。要求运动员要灵活、准确地运用排球技术,要根据比赛规则来合理运用技术动作,同时,要保证技术动作的正确性和准确性。除此之外,为了保证理想的技术运用效果,还要求运动员具有良好的空间、时间和位置感觉等。

(4)排球运动技术运用的实用性。要求排球运动参与者在排球运动技术运用方面,要严格遵循实用性原则。排球运动场上赛况复杂变幻,同一种紧急情况下运动员会面临多个不同技术实施的选择,而只有实用的技术动作才能够与实战需要相符,才具有运用的价值和意义,才能真正发挥排球运动技术的效果,达到预期目的。

第二节　排球运动无球技术学练

一、准备姿势

(一)技术分析

发展到现在,排球运动的场上技术运用的准备动作姿势主要有三种,运动员可结合来球情况和所要实施的技术选择最合理的一种准备姿势,这三种姿势都是高校排球运动教学与训练中大学生应该掌握的。

1. 稍蹲准备姿势

稍蹲准备姿势,是一种较高身体重心的排球技术实施的提前身体准备姿势,是一种在排球运动场上不需要快速移动的技术准备姿势。

稍蹲姿势,两脚左右分开,脚间距略大于肩宽,双屈膝,脚尖内收,脚跟稍提,两臂自然屈肘,目视来球(图 6-2)。

2. 半蹲准备姿势

在排球运动中,半蹲准备姿势多用于接发球、拦网和各种传球。

半蹲姿势做击球准备时,两脚左右开立,也可一脚稍前一脚稍后,脚间距略大于肩宽,脚尖内收,脚跟稍提,屈膝 100°~110°,以便随时蹬地起动。上体稍前倾,两臂自然屈肘,目视来球(图 6-3)。

图 6-2 　　　　　　　　 图 6-3

3. 低蹲准备姿势

低蹲准备姿势是排球运动中的一种较为被动的准备姿势,多用于防守和各种保护动作。

低蹲准备时,对于身体重心的把控,应做到重心要低,两脚左右开立,也可一脚稍前一脚稍后,脚间距大于肩宽,脚尖内收,脚跟稍提,身体前倾,肩肘的垂直线过膝,膝部的垂直线过脚尖,目视来球(图 6-4)。

(二)教学程序

(1)教学讲解:明确运用目的、作用、动作方法等。

(2)教学示范:结合教学讲解,正确、形象、生动示范技术动作姿势。

(3)组织练习:由原地做准备姿势过渡到移动中做准备姿势。

(4)纠错、总结。

图 6-4

(三)训练方法

(1)徒手模仿。

(2)慢跑中根据信号迅速转身 180°做准备姿势。

(3)两人一组,一人做上举、平举、放下的手势,另一人根据既定手势做相应的直立、半蹲、摸地动作。

二、移动技术

(一)技术分析

移动技术是排球运动的各种击球技术动作实施的重要基础,没有移动,排球运动参与者就只能原地击球,那么整个排球运动就不复存在了。高校排球移动技术教学与训练内容如下。

1. 起动

起动是移动的开始,起动时,先降低重心,收腹,上体前(侧)倾,两脚瞬间迅速、有力蹬地,提重心、身体前倾,快速向前位移,双手配合身体摆动。

2. 移动

(1)并步

并步是短距离内脚步的并列移动,移动前,两脚应前后站立,与肩同宽,两膝微屈,上体稍前倾,两手自然放松置于腰腹;并步时,前脚向来球方向跨出一步,后脚随后迅速蹬地跟上,并做好击球前的姿势。

（2）滑步

滑步是连续的并步移动,排球运动中,如果来球较远,需要依靠滑步接近球。

侧横滑步:两脚并立或开立,根据对手或球的移动方向,连续向一侧进行快速的、连续的跨步移动,接近来球。

前滑步:上体前倾,快速向前、连续开立跨步移动。

后滑步:与前滑步动作相同,方向相反。

（3）滑跳步

滑跳步,又称碎步,步幅小、频率快、防守面大。

滑跳时,屈膝,使重心下降,上体前倾,一脚连续蹬地,两脚小步幅、快频率向移动方向滑动。

（4）跨步

跨步是排球运动的一种简单移动技术方法。移动时一脚为中枢脚,另一脚跨出。

同侧跨步:屈膝,一脚做中枢脚蹬地,另一脚向移动方向跨出,跨出后重心移至跨出的脚。

异侧跨步:屈膝,一脚做中枢脚蹬地,另一脚向与脚相反的方向跨出,跨出后,重心移至中枢脚。

（5）跨跳步

跨跳步是在跨步的基础上的更远距离的移动技术方法。

在排球运动中,如果来球较远,跨步仍不能接近,应先用后脚向来球方向蹬离地面,腾空,前脚落地,迅速屈膝,后脚及时跟上,降低重心,近球击出(图 6-5)。

图 6-5

（6）交叉步

交叉步是运动员上体稍倾向来球方向，远侧脚从近侧脚前面，沿来球方向，交叉迈出一步的移动步法。其特点是步子大、动作快、制动强。当来球在体侧3米左右时采用。

（7）转身

屈膝，上体稍前倾，重心在两脚间，前脚碾地，移动脚用力蹬地，上体随移动脚的蹬转改变身体方向，碾地脚向移动方向跨出，并支撑身体，另一脚随即跟上或继续向移动方向迈出。

（8）跑

跑是一种快速移动，当来球距身体较远时可采用跑步移动接近球。

变速跑：利用速度变化快速移动脚步。

变向跑：跑进中，突然用与移动方向相反方向的脚用力蹬地，屈膝，扣脚尖，腰部向移动方向转动，另一脚大步向移动方向跨出。

侧身跑：脚尖对准跑动方向，身体向移动方向倾斜，双脚迅速想移动方向迈进。

3. 制动

制动是移动技术的结束，是由移动转为静止的过程。排球运动中运动者从移动状态过渡到静止状态可采用以下两种制动方法。

（1）一步制动

移动的最后阶段，跨出一大步，降低重心，膝和脚尖适当内转，用全脚掌横向蹬地以抵住身体重心继续向前移动的惯性力，同时以腰腹力量控制上体，使身体重心的垂直线停落在脚的支撑面以内。

（2）两步制动

移动的倒数第二步做第一次制动，紧接着跨出最后一步做第二次制动，同时身体后倾，两膝弯曲，重心下降，双脚用力蹬地制动。

（二）教学程序

（1）教学讲解：教学讲解移动的目的、作用、种类、动作方法、与准备姿势的关系等。

（2）教学示范：边教学讲解边教学示范。正确、形象、生动示范技术动作姿势。

（3）组织练习：由徒手练习到结合球练习，再结合其他基本技术练习。

（4）纠错、总结。

（三）训练方法

（1）看或听信号后做变向移动。

（2）看或听信号做前进和后退的练习。

（3）采用滑步从排球场地一边移动到另一边。

（4）向上抛球，在球没有落地之前从球下钻过。

（5）从场地一端的端线，跑向另一端的端线，在中途的几个标志点进行转身跑。

（6）两人一组，面对面半蹲站立，双手互拉，一人向各个方向移动，另一人跟着做。

（7）两人一组，一人不同向抛两球，另一人移动接球并抛回。

（8）三人一组，绕三角障碍物任意跑动，一人追，两人跑。

（9）六人一组，平行站在端线处原地跑，看或听信号冲刺跑。

第三节　排球运动有球技术学练

一、发球技术

发球技术的实施是排球运动对抗的开始，发球技术不受对方因素的干扰，运动者可结合自身的排球运动技战术意图来选择相应的发球技术，在发球技术实施中，排球运动员享有最大的自由权。

（一）技术分析

高校排球运动技术教学与训练中，大学生应掌握如下几种排球发球技术方法。

1. 正面上手发球

（1）技术特点

正面上手击球力量大、速度快、弧线平、击球快、落点准确，是排球运动参与者最常用的排球发球技术。

（2）技术动作（图 6-6）

发球前，两脚前后开立，以左脚在前、左手持球为例，左手腹前持球，准备抛球发力。

发球时，左手（或双手）平稳抛球至右肩前上方，右臂屈肘后引，肘与肩平，手掌成勺，上体右转，抬头，挺胸，展腹，重心移至后脚。

击球时，两脚蹬地，上体快速左转，含胸、收腹、上挥右臂，全手掌击球的后中下部。

击球后，迅速入场，投入下次击球准备。

图 6-6

2. 正面下手发球

（1）技术特点

正面下手击球失误少，准确率高，但球速慢，力量小，攻击性差，适用于初学者。

（2）技术动作（图 6-7）

发球前，面对球网，两脚前后开立，左脚在前，两膝稍弯，上体前倾，左手持球于腹前下方。

发球时，体前右侧腹前抛球，离左手高度 30 厘米左右，右臂伸直右下摆。

击球时,右脚蹬地,右直臂,以肩为轴,由后下方向前上挥摆,体前右侧以全掌或掌根击球的后下方,

击球后,重心跟进前移,迅速入场。

图 6-7

3. 侧面下手发球

(1)技术特点

动作简单,借助腰腹转动发力,发球稳定性较大,攻击性小,适用于排球初学者。

(2)技术动作(图 6-8)

发球前,左肩对球网,屈膝,上体前倾,重心居中,左手腹前持球。

发球时,腹前低抛球,球至腹前离身体约一臂之距,离左手高度 30 厘米左右,右臂伸直右后下摆,右转体。

击球时,右脚蹬地发力,左转体,重心移至左腿,右臂上摆,在腹前用全掌或掌根击球的后下方。

击球后,迅速入场。

图 6-8

4. 发飘球

(1)技术特点

发飘球,球在空中不旋转,但不规则晃动,威力大,难以判断飞行路线和落点。

(2)技术动作

①正面上手发飘球

面对球网,前后开立,左脚在前,左手持球;抛球比正面上手发球高度稍低、稍朝前,上体左转、后仰,挺胸、展腹、举臂后振蓄力;下甩臂、收腹、含胸,五指并拢,用掌下 1/3 部位击球中下部,作用力通过球的重心(图 6-9)。

1　　　　2　　　　3　　　　4　　　　5

图 6-9

②勾手发飘球

左侧对球网,自然开立,左手头前上平稳抛球,右手随上体右转右下摆,蹬地转体,挺胸、展腹,手臂从后下方经上前挥,用掌根、虎口击球中下部;不屈腕(图 6-10)。

5. 跳发球

(1)技术特点

跳发球,利用弹跳高击球,击球点高,攻击性强,难度大、体力消耗大。

(2)技术动作

发球前,距端线 3～4 米,面对球网,右手或双手持球。

发球时,抛球至右肩前上方 2 米左右,落点在端线附近,抛球后,迅速 2～3 步助跑起跳。

图 6-10

　　击球时,收腹、转体、起跳、挥臂,两臂积极协调大幅摆动,击球动作与正面扣球动作相似。

　　击球后,双脚落地,屈膝缓冲,迅速入场。

　　跳发球完整连贯的技术动作如图 6-11 所示。

图 6-11

（二）教学程序

（1）教学讲解：详细讲解各发球技术动作环节、动作要点；解析不同发球技术适用情况、作用；明确发球技术的抛球、击球、手法三要素。

（2）教学示范：结合讲解对各发球技术动作进行完整、分解示范。

（3）组织练习：由徒手练习到结合球练习；由近距离到远距离发球练习；由不结合网到结合网练习；由技术性发球到战术性发球。

（4）教学评价与纠错、改进、总结。

（三）训练方法

（1）徒手模仿发球练习。

（2）不离手的抛球练习。

（3）不实击球的做引臂和摆臂击球练习。

（4）自抛高度固定的球的练习。

（5）反复进行目标掷准练习。

（6）对墙发球：逐渐拉大与墙的距离。

（7）两人一组，分别站在边线两侧对发球。

（8）两人一组，各距网6米发球，逐渐拉大距离。

（9）两人一组，在固定击球高度击球，体会击球点位置和挥臂动作。

（10）4对4或6对6集体发球质量竞赛练习。根据发球质量，攻击性强得2分，一般得1分，失误得0分，分数高的队获胜。

二、传球技术

（一）技术分析

排球传球技术旨在将球传给同伴，由同伴再击球进攻或防守。高校排球运动教学中，大学生应掌握以下几种常见的传球技术。

1. 正传球

（1）技术特点

准确性高、稳定性高，动作容易协调配合，变化多端。

（2）技术动作

以正面双手传球为例，技术动作解析如下。

传球前，稍蹲准备，看准来球，快速移动接近来球。

传球时，上体稍挺起，蹬地、伸膝、伸臂迎球，在球近额时，双手张开成半球形触球（图 6-12），双手拇指相对成"一"或"八"字形（图 6-13）。

图 6-12

图 6-13

2. 侧传球

（1）技术特点

侧向传出来球，传球面积较大，但方向控制和球的飞行路线控制有一定难度。

（2）技术动作

传球前，迎球动作、手形均与正面传球的相同。

传球时，出球方向一侧的手臂低一些，另一侧手臂稍高，击球时，蹬地、侧转体、伸臂，脸前或稍偏位置击球传出（图 6-14）。

图 6-14

3. 背传球

（1）技术特点

背传球,即向身体背后方传球,难度大,但可出其不意、迷惑对方。

（2）技术动作

传球前,稍蹲姿势准备,背对目标,上体后仰,击球手法与正传相同。

传球时,击球点在额前、稍向头上方;展腹、伸肘、蹬腿,手腕后仰,掌心向上,击球上部,拇指托球后挑;手触球后,手腕后翻(图 6-15)。

图 6-15

4. 跳传球

(1)技术特点

跳传球,跳起在空中击球传出,击球点高、方向多变,击球方式灵活,可单手或双手击球、可原地跳、助跑跳、单脚跳、双脚跳。

(2)技术动作

以原地起跳双手跳传为例,看准来球,双脚蹬地、双臂上摆,在身体升至空中最高点时快速伸臂,主动屈指、屈腕,以手指手腕弹力击球传出(图 6-16)。

图 6-16

(二)教学程序

(1)教学讲解:讲解传球技术的动作方法、技术要领、特点、运用时机及其在比赛中的地位与作用。

(2)教学示范:先完整示范,再分解示范各传球技术的动作细节和动作要领,尤其重视击球时的手型动作示范。

(3)组织练习:先徒手练习,再结合球练习。

(4)纠错、总结。

(三)训练方法

1. 原地传球

(1)徒手模仿练习。

(2)对地传球:蹲姿,约 15 厘米高度对地连续传球。

（3）对墙传球：距墙 3 米，连续传球击墙上目标。

（4）自抛自传：由胸前垂直向上抛球，抛球高度约 1 米左右，准备自传；当球下落时，手指、手腕保持弹性将球弹起，连续向上自传。

（5）抛传球：一抛一传或一抛一接，体会手型。

（6）传接球：两人一组，做好传球的手型，接同伴抛来的球，体会传球手型。

（7）传击球：两人一组，相互传击球，不限动作和击球次数。

（8）互抛互接：两人一组，于额前上方抛击球或互接球，相互纠正手型。

（9）传固定球：两人一组，一人持球做额前上推送传球的动作；另一人单手压球，体会传球手型和身体协调用力。

（10）固定距离对传球：两人一组，相距 3～5 米，连续对传球。

2. 移动传球

（1）行进间自传球：从端线出发，自传行进到网前，从边线外返回。

（2）行进间对传球：两人一组，从端线出发，对传并行进到网前，从边线外返回。

（3）移动后传球：两人一组，由同伴抛任意球，练习者移动后传球。

（4）三人三角传球：三人一组，各相距 3 米成三角形进行传球练习。

（5）横向移动换位传接球：四人一组，各相距 4～5 米，成"口"字形，横向移动换位接球（图 6-17）。

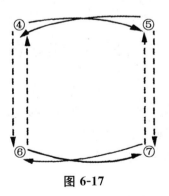

图 6-17

（6）多人跑动三角传球：三队人员，站成三角，两人的点先传球，传完球后随传球路线跑到下一点，循环进行（图 6-18）。

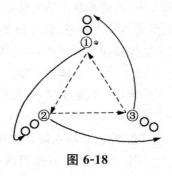

图 6-18

三、垫球技术

(一)技术分析

垫球是利用身体与球接触时,通过球施加于身体后身体给予球的反弹力将球击出的技术。

垫球是通过手臂或身体其他部位由球的下方向上将来球垫击反弹出去的击球动作。垫球是排球比赛中防守的基础,多用于接发球、接扣球、接拦回球及处理各种困难球,是运动员争取得分的重要技术,主要有以下几种垫球方式。

1. 正面双手垫球

(1)技术特点

属于防守技术,可弥补传球不足、辅佐进攻、变被动为主动,准确率高,容易控制落点。

(2)技术动作

击球的击球手形有三种,即包拳式、叠掌式和互靠式(图 6-19);击球时,以前臂桡骨内侧平面触球(图 6-20)。

根据来球力度,包括以下三种击球方法。

①垫轻球

半蹲或稍蹲准备,看准来球,蹬地、跟腰、提肩,当球距腹前约一臂时,两臂夹紧,插入球下,顶肘、抬臂、压腕,击球后下部,抬臂送球。

包拳式　　　　　叠掌式　　　　　互靠式

图 6-19

图 6-20

②垫中等力量球

半蹲或稍蹲准备,迎球速度要慢,手臂放松,蹬地、跟腰、提肩、伸臂、压腕,在腹前击球后下部,抬臂送球。

③垫重球

半蹲或低蹲准备,看准来球,含胸、收腹,手臂随球屈肘后撤,缓冲来球力量,垫击球的后下部;击球后,重心协调向前,抬臂送球(图 6-21)。

1　　　　　　2　　　　　　3　　　　　　4

图 6-21

2.正面单手垫球

(1)技术特点

手臂伸得远,击球范围大,动作快,但触球面积小,较难控球。

（2）技术动作

看准来球，积极移动，右脚跨一大步，身体向右倾斜，右臂伸直，自右后下方向前上方摆动，用前臂内侧、掌根、虎口或手背击球的后下部（图6-22）。

图 6-22

3.体侧垫球

（1）技术特点

防守范围大，是救球的重要技术方法，但不易控制方向、弧线和落点。

（2）技术动作

以左侧来球为例，看准来球，右脚蹬地，左脚左大步跨出，重心左移，单臂或双臂伸出迎球，挺腰、收腹，击球的后下部（图6-23）。

1   2   3   4

图 6-23

4. 背向垫球

（1）技术特点

击球点高，不宜观察目标、控球性差。

（2）技术动作

以两臂背向垫球为例，看准来球，球飞过身体时，两臂夹紧伸直，插到球下，蹬地、抬头、挺胸、展腹、上体后仰，两臂后上摆，击球的前下部（图 6-24）。

图 6-24

5. 跨步垫球

（1）技术特点

动作快、控制范围大、但击球面积小，较难控制击球方向。

（2）技术动作

看准来球，积极移动，大跨步接近球，屈膝深蹲，上体前倾，两前臂伸直，击球的后下部，将球垫起（图 6-25）。

图 6-25

6. 低姿垫球

(1)技术特点

便于控球,适用于应对来球低、速度快、接近身体的球。

(2)技术动作

①低蹲垫球

以双手垫球为例,看准来球,准确判断落地,快速移动身体迎球,降低重心,前腿屈膝外展、后腿蹬伸,两臂贴近地面插入球下,将球垫起(图6-26)。

图 6-26

②半跪垫球

看准来球,准确判断落地,快速移动身体迎球,低蹲垫球的基础上继续前移重心,前压上体,塌腰、塌肩,后腿膝内侧和脚弓内侧着地支撑,两臂贴地插入球下,翘腕垫球。

③全跪垫球

看准来球,准确判断落地,快速移动身体迎球,在半跪垫球方法的基础上前压上体,两膝垂直投影超过脚尖,膝内侧跪地支撑。两臂插入球下,以小臂、虎口或翘腕动作将球垫起。

7. 前扑垫球

(1)技术特点

防守控制范围大、应用广、易掌握。

(2)技术动作

①较近来球

看准来球,半蹲准备,上体前倾,前脚掌蹬地,身体向来球伸展扑出,双臂直伸插入球下,提肩、抬臂,将球垫起(图6-27)。

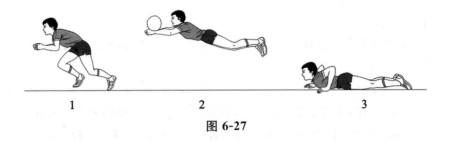

图 6-27

②较远来球

看准来球,如果双手不能触到球,可单臂前扑垫球。手臂前伸,用手背、虎口或小臂击球下方,另一手屈肘撑地,击球后击球手侧胸腹着地滑行(图 6-28)。

图 6-28

8. 鱼跃垫球

(1)技术特点

在排球运动中,鱼跃垫球多用于当来球较低、较远,来不及移动到来球落点时。鱼跃垫球的特点是控制范围大,动作难掌握,对运动员的灵敏素质要求较高。

(2)技术动作

看准来球,半蹲准备,积极移动,前移动重心,判断好来球的落点,前脚掌用力蹬地,采用一至两步助跑或原地跃出,充分伸展身体、前伸手臂,用手背、虎口或前臂将球垫起;击球后双手在体前着地支撑,屈肘缓冲。

9. 挡球

(1)技术特点

击球力量大,球的可控性强,可应对高度高、速度快、力量大的来球。

(2)技术动作

①单手挡球

看准来球,积极移动,主动伸臂,在头部上方或侧上方用力击球(图 6-29)。

②双手挡球

看准来球,手臂上举、屈肘、肘部朝前,手腕后伸,在脸额或两肩的前上方,以手掌外侧和掌根所组成的平面挡击球的后下部,将球向前上方挡起(图 6-30)。

图 6-29   图 6-30

(二)教学程序

(1)教学讲解:准确、全面讲解垫球技术动作方法、技术要领及比赛应用。

(2)教学示范:先完整、后分解示范,并做好各个角度和侧面的技术动作示范,同时注重垫球手型动作的示范。

(3)组织练习:由徒手练习过渡到结合球的练习,再结合其他技术进行练习。

(4)客观评价学生练习,并指出不足和改进方法,进行教学总结。

(三)训练方法

(1)听或看口令做正面双手垫球模仿练习。

(2)自抛自垫球。

(3)连续对墙垫球,逐渐拉长与墙距离。

(4)垫固定球:两人一组,一人抛球一人垫球,体会击球动作。

(5)移动垫球:两人一组,在移动中垫回同伴的抛球。

(6)垫抛球:两人一组,一人抛球,一人垫球。

(7)对垫球:两人一组,隔网或不隔网对垫球。

(8)发球和垫球结合练习:两人一组,相距 4~6 米,一人发球一人垫球。

(9)三人一组,三角连续垫球练习。

(10)三人一组,隔网站立,一发二接。要求每人负责一条线,一个区。

(11)四人一组,一发三接,要求同上。

四、扣球技术

(一)技术分析

1. 正面扣球

(1)技术特点

击球准确性较高,可随时改变扣球路线、力量和落点。

(2)技术动作

①正面扣高球

扣球前,稍蹲准备,助跑,两臂从体侧向后引,积极上摆,双腿蹬地起跳;挺胸、展腹,上体稍向右转,右臂后上屈臂抬起,身体成反弓形。

扣球时,收腹发力,带动肩、肘、腕各部位成鞭打动作向前上挥臂,五指微张成勾形,以全手掌包满击球的后中部,扣球后,前脚掌先着地,屈膝缓冲(图 6-31)。

②单脚起跳扣球

助跑的最后一步以单脚踏地,另一只脚积极前上摆动起跳,比双脚起跳冲得更远,跳得更高。跳起后,扣球动作与正面扣球基本相似(图 6-32)。

图 6-31

图 6-32

③双脚冲跳扣球

助跑动作基本同正面扣球,两步助跑,助跑最后一步踏跳时,双脚用力蹬地,身体迅速腾起,抬头、挺胸、展腹、弓背;击球时,快速收腹,挥臂,手腕推压,击球的后中部(图 6-33)。

图 6-33

2. 勾手扣球

(1)技术特点

可很好地改变球的方向,力量大,可直接过网得分。

(2)技术动作

起跳前,动作基本同正面扣球,跳起后,上体后仰或右转,右肩下沉,挺胸、展腹,手臂伸直,掌心向上,手张成勾形。

击球时,转体、收腹,直臂由下经体侧向上划弧,头前上方用全手掌击球后中部(图6-34)。

1　　　　2　　　　3　　　　4　　　　5　　　　6

图 6-34

(二)教学程序

(1)教学讲解:通过教学讲解让学生明确扣球技术的概念、要领、特点、作用等。

(2)教学示范:先完整后分解教学示范,明确各个动作环节的细节。最后再进行完整技术动作示范,使学生能观察和掌握正确的扣球技术动作定型。

(3)组织练习:先进行挥臂击球与起跳练习,再练习扣定点球和扣一般弧度球。

(4)教学评价、纠错、总结。

(三)训练方法

(1)徒手模仿扣球挥臂,体会鞭打动作。

(2)手持哑铃做负重挥臂,增加手臂扣球力量。

(3)原地快速挥臂,打固定目标物,提高扣球准确性。

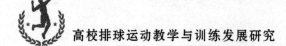

（4）原地起跳摆臂、二步起跳摆臂练习，提高弹跳与挥臂的动作协调性。

（5）原地起跑，由站立开始，屈膝下蹲同时两臂由前向后摆动。

（6）向不同方向的跨跳练习。

（7）慢跑，两步助跑起跳，再慢跑，再起跳，反复进行。

（8）原地自抛扣球练习。

（9）连续对墙扣反弹球。

（10）助跑自抛扣球练习。

（11）扣固定球练习：两人一组，一人双手头上持球，另一人扣固定球。

（12）扣反弹球练习：两人一组，对地扣反弹球。

（13）助跑扣球练习：两人一组，一人抛球，另一人助跑扣球。

（14）三对三防、调、扣对抗。

（15）四对四或六对六攻防练习。要求只准扣远网球。

五、拦网技术

（一）技术分析

排球运动中，运动员用腰部以上位置在近网拦截对方击球过网，即为拦网技术。

1. 单人拦网

（1）技术特点
起跳灵活、防守快速，但防守面积较小。

（2）技术动作
面对球网，距网 30～40 厘米。密切观察场上情况，积极移动，屈膝，蹬地起跳；腾空后，两手从额前平行于球网向上伸出，直臂、提肩，两臂平行；两手接近球，自然张开，呈勺形；手腕用力捂盖球的前上方（图 6-35）。

图 6-35

2. 双人拦网

(1)技术特点

拦网范围较大,但容易漏拦网或相互干扰。

(2)技术动作

以一人为主拦队员,另一人为配合队员,一般距扣球点近的队员为主拦队员,拦网技术动作基本同单人拦网。

需要特别指出的是,应合理控制同伴间距离,避免距离太远出现"空门";避免距离太近互相干扰起跳;避免手臂空中重叠;避免打手出界。

3. 三人拦网

(1)技术特点

拦网范围大,可强势反攻,但容易相互干扰。

(2)技术动作

以三人中位于中间的队员为主进行拦网,主拦网队员积极起跳,拦网技术动作同单人拦网,两侧队员迅速移动、及时起跳,积极配合同伴拦网。

(二)教学程序

(1)教学讲解:教学讲解拦网技术的动作方法、技术要领、运用时机、实施作用。

（2）教学示范：完整示范与分解示范相结合，可让学生观看图片和影像演示。

（3）组织学生进行单人拦网、双人拦网以及三人拦网练习。

（4）教学评价与总结。

（三）训练方法

（1）徒手原地起跳拦网。

（2）原地或对墙做伸臂，体会拦网手型。

（3）移动起跳拦网。

（4）两人一组，原地起跳配合拦网。

（5）两人一组，移动后起跳配合拦网。

（6）两人一组，一人自抛自扣，另一人拦网。

（7）两人一组，网边移动隔网起跳拍手。

（8）两人隔网一扣一拦。要求扣球准确，拦网不起跳。

（9）两人一组，一人主动，一人被动在网前移动拦网。

第七章　高校排球战术教学与
训练指导

　　排球战术是高校排球教学与训练的重要内容,排球运动是场上隔网对抗的运动,运动者的所有的排球体能、心理、技能等的学习和运动经验掌握最终都要应用到排球运动实践中去,并为集体参与下的排球运动的战术组织、应用提供实战支持。本章主要就高校排球运动战术教学与训练相关内容进行研究,为高校师生科学组织和参与排球战术教学与训练、参与排球运动实战提供指导。

第一节　排球运动战术概述

一、排球战术的概念与分类

(一)排球战术的概念

　　运动战术是运动者在运动训练和比赛过程中运用技术和身体之长,扼制对方,夺得胜利的策略和方法。

　　在排球运动中,运动员的良好运动实战表现建立在熟悉对方情况或临场变化的基础之上,在此基础上,运动员结合场上情况采取符合排球运动规律的技术组合或有预见、有目的、有组织的统一行动,即为排球战术。

(二)排球战术的分类

　　排球运动历史悠久,发展到今天,已经形成了丰富的战术内容体系,结合不同的分类依据,可以对排球战术进行不同的分类。具体如下。

1. 根据战术的人数分类

根据战术参与人数,排球战术可分为个人战术和集体战术(图 7-1)。

(1)排球个人战术:运动员个人完成战术。

(2)排球集体战术:两个或两个以上运动员配合完成。

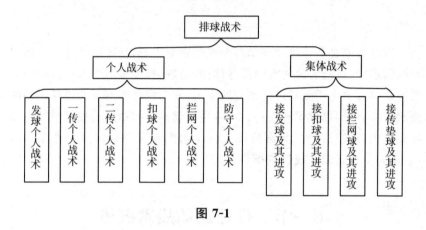

图 7-1

2. 根据战术的组织形式分类

根据组织实施形式,排球战术可分为进攻战术和防守战术(图 7-2)。

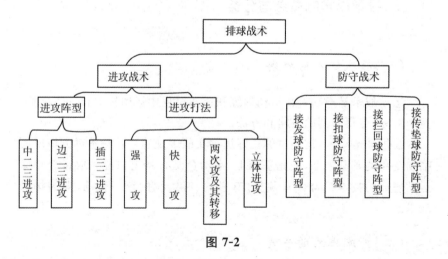

图 7-2

（1）排球进攻战术：主动把控比赛节奏和球权。

（2）排球防守战术：在对方占据比赛优势的情况下，积极、谨慎应对，力避失分。

现代排球比赛中，进攻与防守在赛场上始终存在，并不断转换，二者之间具有非常密切的关系，在比赛过程中相互依存、互为基础、彼此渗透。

3. 根据战术的运用分类

根据战术运用进行分类，排球战术可分为四类，具体如下。

（1）接发球及其进攻（一攻）战术。

（2）接扣球及其进攻（防反）战术。

（3）拦回球及其进攻（保攻）和接传战术。

（4）垫球及其进攻（推攻）战术。

二、排球战术的构成与运用

（一）排球战术能力构成

1. 战术意识

战术意识是排球运动员在战术组织与实施过程中的思维活动，良好的战术意识是运动员科学制定、实施战术的基础，是比赛中抓住战机的重要基础。有助于排球运动员正确认识到排球运动战术实施特点、发展规律、适用条件和环境。

排球战术意识有着较为显著的特点，具体表现在如下几方面。

（1）战术行动的预见性。

（2）战术判断的正确性。

（3）进攻战术的主动性。

（4）防守战术的积极性。

（5）战术运用的灵活性。

（6）战术配合的集体性。

排球员战术意识的培养是建立在一定基础之上的，其基础主要体现在，在遵循排球各种技术战术的一般规律的同时，在平时有目的地进行

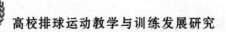

系统的战术练习,并在比赛中不断积累经验,并将其应用于实战中,在不断总结、提高的过程中,逐步提高自己对场上的情况观察的敏锐性和做出反应的灵敏性。

排球运动实践表明,排球运动员在比赛中越是拥有强烈的战术意识,越是能在排球运动比赛中抓住战机,组织形式与对策,与同伴默契配合。

2. 战术指导思想

排球战术指导思想要求在排球运动实践过程中要快、狠、准、活地运用战术,具体分析如下。

(1)快。在排球运动训练和比赛中,运动员应快速判断,迅速反应,起动快、步伐移动快、抢位快,完成击球动作快。

(2)狠。排球战术的实施应做到进攻凌厉,球路多变,以气势和实力击垮对手。

(3)准。排球运动战术实施的准要求运动员在快速多变中战机抓的准,掌握技术准确并运用自如,落点准。

(4)活。排球运动场上人员多、人球关系变化快,运动员必须灵活运用战术,只有活用,才能够让对手措手不及,出现失误,此外,战术活用还有助于战术创新,可促进排球运动战术的发展。

3. 战术理论

理论知识对实践具有重要的指导作用。排球运动参与者应掌握丰富的排球运动战术理论相关知识,具体包括以下内容。

(1)战术指导思想、原则。

(2)战术形式、阵型、套路及优缺点。

(3)战术演变、发展。

(4)战术运用对策及范围。

(5)战术运用的前提条件。

(6)规则对排球战术的限制与要求。

(7)排球战术在比赛中的作用。

(8)对手相关情况的理论分析。

4. 战术数量

排球运动发展至今已经形成了庞大的排球战术内容体系,要求排球运动员应熟悉每一个排球战术的特点、效果、适用环境、组织实施。一个优秀的运动员(运动队),必须掌握多种战术,才有可能在现代化的复杂多变的排球比赛中灵活运用相应的排球战术来化解比赛危机,这是比赛中提高排球运动员(运动队)应变能力的重要基础。

这里还必须指出的是,在排球运动比赛中,运动员(运动队)对丰富的排球战术的掌握,应符合自己特点的,能形成绝招,并应重点掌握几个具有良好攻防效果、发展潜力的新的排球战术。

5. 战术质量

高质量的战术指战术熟练、先进、有绝招、不断创新。这是体现战术能力的一个重要措施,也是发挥战术作用的重要前提。排球运动员对于任何战术的实施都应该考虑战术实施的效果和质量问题,不要在比赛中做无谓的身心能量消耗。

(二)排球战术运用

1. 掌握节奏

当代排球比赛中,对控球权的争夺非常激烈,高水平的排球比赛中,双方都想进攻和阻止对方进攻,但快攻不可能一直存在,排球比赛的节奏总是有快有慢。

在排球战术训练中,运动员必须认识到快攻与快守是掌握节奏的主要因素,是比赛中争夺时间、抢占空间的重要基础,因此,要结合场上情况,该快的时候快,该慢的时候就慢,不能一味求快,也不能始终沉浸在较慢的比赛中,要注意比赛节奏快与慢的有机结合,合理转换。

2. 消耗对方

排球运动对运动者的身心能量消耗是非常大的,在排球运动训练和比赛中,当自己觉得疲惫的同时,对手往往也处于相同的状态,这时哪一方能实现自我休息调整并进一步设法消耗对方,则哪一方就能获胜。排球比赛中,通过控制球的落点,最大限度地利用整个场地,把球击到场区的四个角上或离对手最远的地方,这样就能够使对手在每一次回球时体力得到尽可能多的消耗。此外,在争夺一球得失时,也可以通过多拍来调动对手,让对手多跑动、多做无效的杀球。但是,需要注意的是,在消耗对方体力的同时,自己要节省体力和精力,以便于在对手体力不支时,再行进取。

3. 调动对方

排球运动场地不算大,而且场上各队分别有五名队员,因此,能很好的进行战术分区与保护,对方站在场区的中心位置,以便于全面地照顾各个角落,排球比赛中,要使对方击不到球,较为困难。但是,可以考虑把对方吊离中心位置,这时可攻击对方空当,是排球战术应用的一个不错的选择。

排球运动训练和比赛中,运动员还可以通过重复球或假球动作来将对方的步法打乱,从而造成对方身体重心失去控制,来不及还击或延误击球时间而回球质量差,造成被动,自己则抓住有利时机,由被动转为主动。

4. 攻守结合

排球比赛中,进攻与防守不是截然分开的,运动员应在进攻时既要加强渗透和提高传球的威胁性,真正做到攻中寓守,守中有攻,

第二节 排球运动进攻战术学练

一、排球运动进攻战术教学内容

(一)快攻战术

排球快攻战术是在各种快球及以快攻掩护下,由同伴或本人实施进攻的战术方式。排球快攻战术是高校排球运动战术教学的重要和基础

教学内容之一。

1. 快球进攻

二传队员将球传给扣球队员,扣球队员快速挥臂击球进攻。快球有近体快(A)、短平快(B)、背快(C)、背短平快(D)、背溜(E)等(图7-3)。

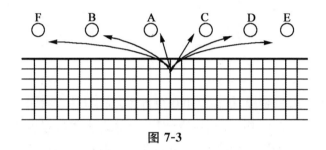

图 7-3

2. 自我掩护进攻

排球自我掩护进攻战术是指进攻队员运用打各种快球的假动作来掩护自己的第二个实扣进攻的战术,具体包括三种战术方法,通过高校排球运动教学,学生应该熟悉掌握以下三种战术方法的实施技巧与适用情况。

(1)"时间差"进攻。

(2)"位置差"进攻。如短平快前错位(图7-4)、近体快前错位(图7-5)、近体快后错位(图7-6)。

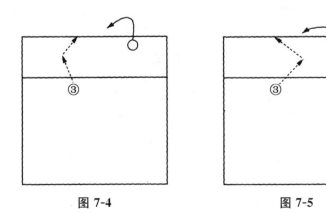

图 7-4　　　　　　　　　图 7-5

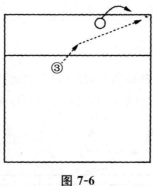

图 7-6

(3)"空间差"进攻,也称空中移位进攻,利用身体在空中的移动,如前飞(图 7-7)、背飞(图 7-8)、后飞(图 7-9)等来迷惑和避开对方。值得一提的是"空间差"是中国排球运动员的创新动作。

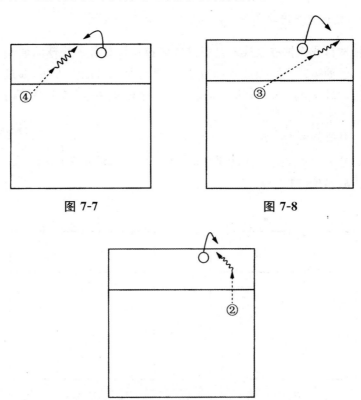

图 7-7   图 7-8

图 7-9

3. 快球掩护进攻

快球掩护进攻,是指快攻队员利用各种快球或横向跑动吸引对方拦网,然后给其他队员创造一打一或空网扣球的进攻打法。

排球运动的快球掩护进攻包括以下几种战术打法。

(1)交叉进攻。

(2)夹塞进攻。

(3)梯次进攻。

(4)双快或三快进攻等。

(二)强攻战术

排球强攻战术是指排球运动员直接、果断、直观的猛烈连续进攻,丝毫不掩饰进攻意图,直接强逼对方。该战术的适用于实力强劲的运动员(运动队)。

强攻战术方法有如下几种。

1. 集中进攻

在 4 号位或 2 号位组织集中的不拉开的高球进攻,或在 3 号位扣一般高球。集中进攻在排球比赛中比较常见,原因在于该战术简单易操作,但易被反攻。

2. 围绕进攻

围绕进攻是需要与同伴进行配合的一种进攻战术方法,在战术实施过程中,同伴之间跑动换位,相互掩护,推动战术的实施。

排球围绕进攻包括以下两种形式。

"后围绕"进攻:从二传队员前面绕到后面去扣球(图 7-10)。

"前围绕"进攻:从二传队员后面绕到前面去扣球(图 7-11)。

3. 拉开进攻

二传队员将球传到标志杆附近进攻的打法称为拉开进攻。拉开进攻可以扩大攻击面,能有效避开拦网。有利于线路变化和造成打手出界(图 7-12)。

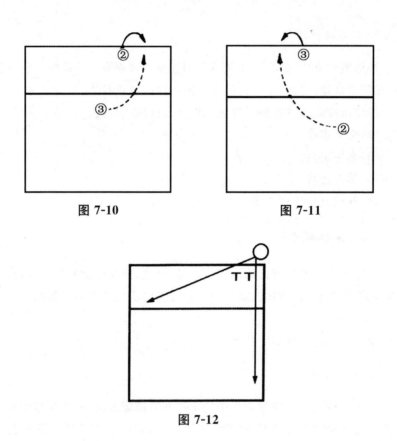

图 7-10   图 7-11

图 7-12

4. 后排进攻

后排进攻,简单来说,就是在后排组织进攻,需要同伴在场地的后排位置相互配合,扣球过网,该战术实施对扣球运动员的扣球技术有较高要求。

5. 调整进攻

现代排球运动竞争激烈,场上赛况多变,运动员的既定战术在比赛中不一定能得以有效运用,这时就需要对进攻战术及其策略进行调整。

(三)两次攻及转移战术

随着排球运动的不断发展,排球比赛节奏日渐激烈、赛况多变,运动场上,很多时候运动员往往不能在比赛中一举成功,这就需要及时快速采取补救措施,在这种情况下根据排球比赛规则规定可实施二次进攻。

在排球运动中,两次攻及其转移的实施能有效弥补第一次进攻的不足,具有非常重要的作用,高校排球战术教学中,大学生应掌握以下两次攻的战术形式。

(1)长传转移:2 号位队员跳起长传给 4 号位队员扣球(图 7-13)。

(2)短传转移:2 号位队员跳传低球转移给相邻的队员进攻(图 7-14)。

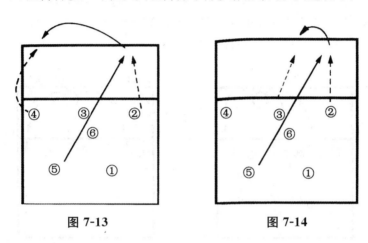

图 7-13　　　　　　　　　　图 7-14

(3)围绕转移:2 号位队员跳起背传低球,转移给围绕到身后的 3 号位队员,3 号位队员扣球(图 7-15)。

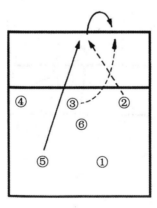

图 7-15

（四）立体进攻战术

立体进攻,是指前排与后排、快攻与强攻、时间与空间上的多方位组合进攻,常见战术打法如下。

(1)3 号位队员打短平快,4 号位队员打平拉开,2 号位队员打背溜,5 号位队员从中路,1 号位队员从右翼进行后排进攻(图 7-16)。

(2)3 号位队员打背快球,2 号位队员打背溜,4 号位队员打平拉开,1、5 号位队员在两翼进行后排进攻(图 7-17)。

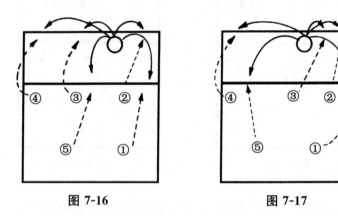

图 7-16   图 7-17

(3)6 号位队员后排起跳扣快球,4 号位梯次进攻,2 号位队员扣背快球,1、5 号位队员后排进攻(图 7-18)。

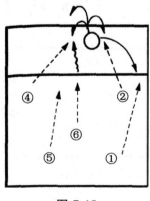

图 7-18

(4)"心二传"阵型进攻,二传队员在进攻线附近,3号位队员迅速下撤扣平拉开,4号位队员突然切入扣半高球,2号位队员扣背短平快,1、5号位队员后排扣球(图7-19)。

(5)1、5号位队员扣后排快球,6号位队员交叉进攻,4号位队员扣平拉开,2号位队员扣半高球(图7-20)。

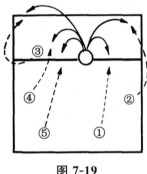

图 7-19

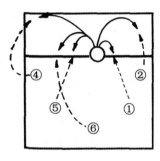

图 7-20

二、排球运动进攻战术训练方法

(一)发球战术能力训练

(1)拼发球:两人或多人对抗比赛,进攻方大力发球、跳发球、重飘球。

(2)找点发球:两人或多人对抗比赛,进攻方将球发到对方薄弱区域。

(3)找人发球:两人或多人对抗比赛,进攻方找对方实战能力不足的人发球。

(4)短距离一发一接练习:3人一组,一人发低平球,一人接发球,一人递球,发球速度由慢到快,发20个球后,三人互换继续练习。

(5)三发三接比赛:6人一组,在排球场上纵向一分为二,分列两侧,一组站在发球区发球,另一组接发球,20个球后,两组交换继续练习。

(二)一传战术能力训练

(1)配合传球练习:将一传球垫或传到二传队员头上,弧度稍高,便于二传。

(2)强攻练习:一传弧度宜高,以便同伴调整传球。

(3)快攻练习:一传弧度较平,速度稍快。

(4)两次球战术练习:一传弧度要高,落点靠近网口,便于二次进攻。

(三)二传战术能力训练

(1)分球练习:根据运动员特点和布局分球,配合进行传球攻防练习。

(2)时间差、空间差练习:在对方拦网过程中,充分利用技术实施的时间、空间差,造成对方战术失败,为我方创造进一步进攻或者反攻的机会。

(3)打空当:根据对方站位,突然将球打入对方空当,使其无法及时救球。

(四)扣球战术能力训练

1. 变化扣球线路

(1)直线和斜线相结合,长线与短线相结合;直线助跑扣斜线球;斜线助跑扣直线球等。

(2)突然扣向对方防守技术差和意志不顽强的队员。

(3)突然扣向对方空当和防守薄弱的区域等。

2. 变化扣球动作

(1)多球反复转体、转腕扣球练习。

(2)用高点扣球,从拦网人手上突破。

(3)正面扣球变为勾手扣球,攻其不备。

(4)利用"时间差""位置差""空间差"晃开对方拦网。

3. 避开拦网队员的手

(1)扣球路线变化练习。

(2)远近网扣球练习。

(3)扣吊结合的击球练习。

(4)扣球时间差判断与练习:提早或延迟时间击球。

(5)两次球练习:阻止对方形成双人拦网。

4. 造成对方失误

（1）打手出界。

（2）轻扣球触及拦网队员的手,使球随拦网队员一同下落。

（3）平打,造成对方拦网触手后落入后区或出界。

（4）反复吊球练习,争取落在对方网前。

（五）拦网战术能力训练

（1）改变拦网手位置:直线改斜线,或斜线改直线。

（2）制造假象,引诱对方,然后封锁对方。

（3）造成对方犯规:发现对方要打手出界时,及时将手撤回,使对方出界犯规。

第三节　排球运动防守战术学练

一、排球运动防守战术教学内容

（一）接发球防守战术

1. 接发球战术要求

（1）准确判断

在体育运动训练和比赛场上,准确判断是实施技战术的重要前提,如果运动者不能准确判断场上赛况并准确预期场上人、球变化,就不能对接下来的技战术实施做出准确的决策,则再优秀的运动员、再优秀的技战术的实施都是毫无成效的。因此,接发球前,一定要准确判断。

（2）合理选位

在组成接发球阵型时,应以前排靠近边线的队员为基准进行合理取位,尽量扩大横向防守面积,同排队员之间保持适当距离,同列队员之间不要重叠站位,避免相互影响。

如图 7-21 所示,在排球运动比赛中,注意不要站 A、B 两个区域,2、4 号位队员的取位距边线 1 米左右。

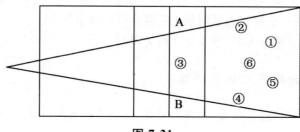

图 7-21

(3)分工与配合

分工配合,要求同伴之间有良好的默契,一般来说是前排队员与后排队员之间的配合,如果球落在 3 人之间,先喊的队员优先接球,前排优先接球(图 7-22)。

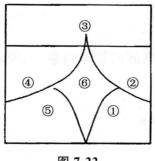

图 7-22

(4)接发球的保护

排球比赛中,运动员应了解排球场上的基本站位、位置的轮换,了解 5 人接发球的阵型和战术组织与实施,加强接发球的保护意识,避免无人接球。

2. 接发球的阵型

排球运动的战术阵型是战术实施的重要基础,就排球运动接发球战术阵型来说,不同的战术阵型适用于不同的战术实施,具有不同的战术威力。根据接发球战术组织和实施的参与人数,可将排球运动接发球战术分为以下几类。

(1)5人接发球阵型

"一三二"阵型,又称"W"阵型、"中、边一二"阵型,网前三名队员,后排两名队员(图7-23)。该阵型优点是职责分明,缺点是不利于接边角来球。

"一二一二"阵型,又称"米"阵型,网前两名队员,场地中间一名队员,场后区两名队员,五人成"米"字分布在场地上(图7-24)。该阵型优点是可接落地分散、弧度高、速度慢的下沉球,缺点是不利于接场地两腰及后区来球。

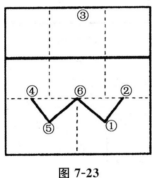

图 7-23

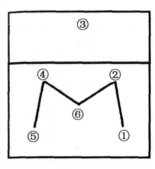

图 7-24

"假插上":2号位队员站在3号位队员身后佯作后排插上,突然扣两次球或吊球袭击对方,6号位队员做假掩护(图7-25)。

"一"字阵型:对付大力发球和平冲飘球(图7-26)。

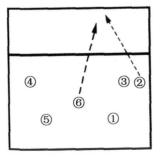

图 7-25

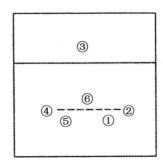

图 7-26

(2)4 人接发球阵型

"浅盆"阵型:接对方落点靠后、速度平快的发球(图 7-27)。

"深盆"阵型:如对方发下沉飘球或长距离远飘球,落点有前有后,则可以站成深盆形站位(图 7-28)。

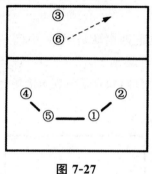
图 7-27

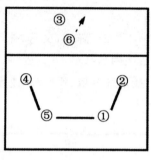
图 7-28

"一"字阵型:接对方跳发球、大力发球及平冲球(图 7-29)。

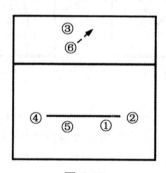
图 7-29

(3)3 人接发球阵型

"前 1 后 2"阵型:由 1 名前排队员和 2 名后排队员担负全场的接发球(图 7-30)。

"后 3"阵型:后排 3 名队员担负全场的接发球(图 7-31)。

(4)2 人接发球阵型

"后 2"阵型:后排 2 名队员负责接发球,另 1 名队员负责进攻(图 7-32)。

专人接发球阵型:保持两名接发球的队员接发球,采用"心二传"阵型,1 号位队员专门实施进攻(图 7-33)。

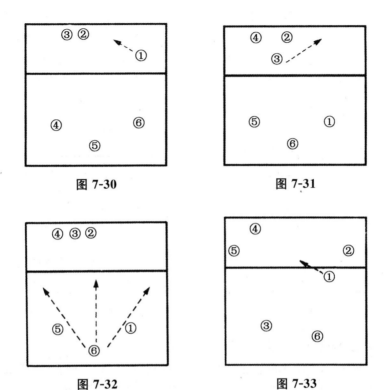

图 7-30　　　　　　　　　　　　图 7-31

图 7-32　　　　　　　　　　　　图 7-33

(二)接传、垫球防守战术

(1)观察对方,判断落点。

(2)二传队员及时"插上",其他队员补位。

(3)接球队员确保传、垫球到位。

(4)优先选择"中、边二传"或"心二传"阵型。

(三)接扣球防守战术

1. 接扣球防守战术环节

(1)拦网

人盯人拦网战术:负责拦网的排球运动员每个人都有固定的拦网对象,拦网队员各自负责拦对方与自己相对应位置的进攻队员,该战术具有职责清楚,分工明确的特点。

人盯区的拦网战术:球网分左、中、右三个区,各负责一个区,该战术可有效对付定位进攻及一般进攻配合,特点是拦网准确率高,不会漏网。

重叠拦网战术:主要对付"交叉""夹塞"等多变的快攻战术,图7-34为重叠拦网对付对方"交叉"进攻战术;图7-35为双重叠拦网对付对方"双快—游动"进攻战术。

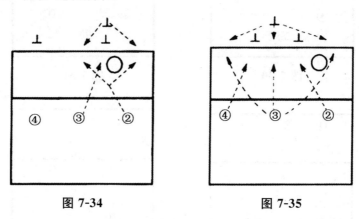

图 7-34   图 7-35

(2)后排防守

后排防守战术的实施,战术的重心在场地的后排,一般来说,要求运动员中有较好的远距离击球、扣球技术的运动员,同时后排防守的实施要求运动员之间能有效、默契配合,以便能实现二传,后排防守队员的主要任务是放对方的次要路线、吊球、触拦网队员的球。[①] 排球比赛中,该战术适用于多种情况。

前排拦球队员封住对方中路进攻,1号位队员防直线,5/6号队员防斜线(图7-36)。

前排单人拦网封住对方中路进攻,6号位队员前移防吊球,1、5号位队员取位"双卡"防守(图7-37)。

2. 接扣球防守阵型

接扣球防守有以下四种阵型。

(1)无人拦网防守阵型

针对对方多变战术,看准时机,如果出现无人拦网,应抓住机会在网前救球,避免对方突袭网前。

---

① 虞重干. 排球运动教程[M]. 北京:人民体育出版社,2012.

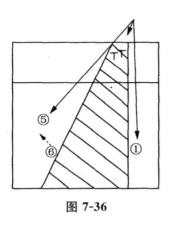

图 7-36

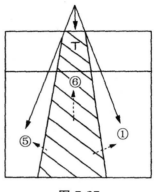

图 7-37

（2）单人拦网防守阵型

在水平一般的排球比赛中，如果对方技战术一般，可选派一名运动员在网前专门负责拦网，其他人组织进攻。单人拦网的优点是增加了防守人数，便于组织进攻。

在高水平排球比赛中，由于对方进攻战术多变，只能被迫单人拦网，其他队员应立即下撤参加防守。

（3）双人拦网防守阵型

采用"边跟进"和"心跟进"战术阵型进行双人拦网，以专门应对对方的大力扣杀、吊球。

"边跟进"防守多在对方进攻能力强、战术多变、吊球少时采用，包括活跟（图 7-38）、死跟（图 7-39）、内撤（图 7-40）、双卡（图 7-41）等战术阵型。

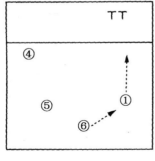

图 7-38

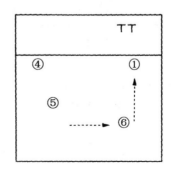

图 7-39

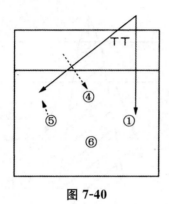

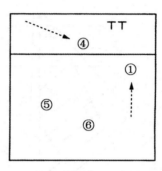

图 7-40   图 7-41

"心跟进"防守也称"6 号位跟进防守",该防守阵型对防吊球和防拦网起球有利,便于接应和组织反攻,但后场、两腰容易有空当。以对方 4 号位进攻为例:本方 2、3 号位队员拦网,6 号位队员"心跟进"防吊球及接应中场球,其他队员明确防守区域(图 7-42),6 号位队员主要防吊球、拦起球、后排防起球。1 号位、5 号位队员负责后场区球。4 号位队员防小斜线及吊球(图 7-43)。

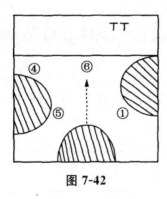

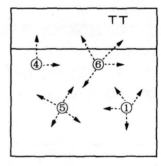

图 7-42   图 7-43

(4)三人拦网防守阵型

三人拦网在高水平的排球比赛中,或者对方实力强劲的比赛中多使用,要求三人之间密切配合,避免争抢、避免漏网,有效控制和保护网前。三人拦网的基本防守阵型有 6 号位压底(图 7-44)和 6 号位跟进两种(图 7-45)。

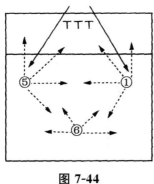

| 图 7-44 | 图 7-45 |

（四）接拦回球防守战术

1. 接拦回球战术要求

（1）培养防拦回球的战术意识。

（2）拦回球的弧度要高，以便组织进攻。

（3）以前场为重点区域，低重心，稳固防守，注意提高救球的起球率。

（4）二传队员及时参与接拦回球。

（5）其他队员配合二传队员，积极传球。

2. 接拦回球阵型

（1）5 人接拦回球阵型：包括"三、二"阵型（图 7-46）、"二、二、一"阵型（图 7-47）和"二、三"阵型（图 7-48）。

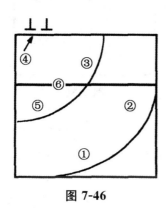

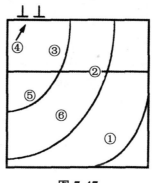

| 图 7-46 | 图 7-47 |

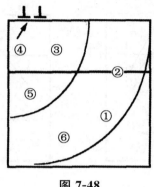

图 7-48

(2)4 人接拦回球阵型：4 名队员插上、快球进攻，经常变化进攻点。防守中除了进攻队员及二传外，只有 4 名队员接拦回球。以 2 号位队员进攻为例，1 号位队员插上，跳传给 2 号位进攻，3、5 号位队员负责前场区，4、6 号位队员负责中场区及后场区(图 7-49)。

(3)3 人接拦回球阵型：以前排快攻配合为主，进攻点变化较大，前排 3 名队员参与接拦回球。如前排 3 名队员掩护、跑动，最终的进攻点在 2 号位，1 号位队员传球后立即下撤，5、6 号位队员迅速向 2 号位移动接拦回球(图 7-50)。

图 7-49

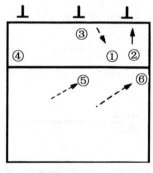

图 7-50

(4)2 人或 1 人接拦回球阵型：以"立体进攻"为主，进攻点分散且变化大，2 人或 1 人接拦回球。如前排 3 名队员掩护、跑动，后排 6 号位队员后排进攻，1 号位队员传球后下撤，5 号位队员迅速接拦回球(图 7-51)；如前排 3 名队员掩护、跑动，后排 1、6 号位队员后排进攻，5 号位队员传球后下撤，迅速接拦回球。其他队员积极参与接拦回球(图 7-52)。

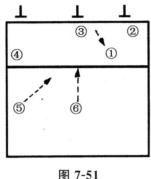

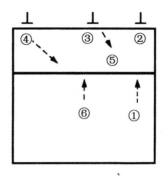

图 7-51　　　　　　　　　　　　图 7-52

二、排球运动防守战术训练方法

(一)选位配合与接发球训练

(1)徒手模仿防守站位练习。

(2)在场上不同位置站立,听口令换位跑动。

(3)接抛球练习:6 人一组。教练员在对方场地网前,抛球过网,6 名运动员在半场站成"一三二"5 人接发球阵形,接教练员抛过来的球,1 人在网前接住垫球再返给教练员。每轮接 3~5 球,6 轮后换 6 名运动员上场练习。

(4)一发一接练习:1 人发球,5 人接发球,两边同时进行。

(5)3 人接发球进攻:对方在发球区发球,本区 3 人接发球进攻。

(6)5 人接发球:运动员分成两大组,一组教练员发球,一组运动员发球。6 人在场上按 5 人接发球阵形站位,网前运动员接住垫球后,把球滚到边线外。接 3~5 次发球后转一轮,再转一轮,又下场一人,上场一人,如此大轮转。

(二)拦网战术能力训练

(1)网前徒手拦防配合:全体分三种,呈三路纵队分别站在 2、3、4 号位区域。三人一组,在网前站位,其他人在进攻线后准备。看教练员的手势,组成双人拦网和下撤防守,然后换下一排三人到网前练习。

(2)拦网判断及跟动：三人一组，网两侧组数相同，隔网对抗，其他运动员在 3 米线后或附近等候，教练员在中场指挥。面对教练员的组看教练员的手势方向移动双人拦网，其他队员下撤。背对教练员的组双人拦网，力争与对手同时完成动作。

(3)人盯人拦网：教练员在后场抛球给二传队员，扣球队员在 4 号、3 号、2 号位跑动扣球，对方 2 号、3 号、4 号位队员人盯人拦网，后排队员进行防守反击(图 7-53)。

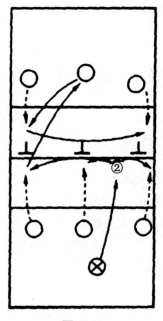

图 7-53

(4)前排拦防助攻：运动员自愿选取 4、3、2 号位准备拦网，其他练习者在另半场的 2、4 号位准备扣球，教练员在 3 号位网球进攻，运动员轮流在 6 号位给教练员抛球，教练员助攻 5 次后换 3 人拦网。

(5)拦、防结合：采用拦斜防直或反之的方法反复练习。

(6)拦—防—调—扣：一拦三防调扣，教练员隔网在 4 号位或 2 号位高台扣球，1 人拦网，其他人防、调、扣；二拦三防调扣，教练员隔网在 4 号位或 2 号位高台扣球，2 人拦网，其他人防、调、扣。

(7)连续拦扣：三对三对抗，进攻方组织各种进攻，另外一方三人配合拦网。

(三)其他防守战术能力训练

(1)调整传球和反攻训练:教练员隔网站在高台上扣球,后排 3 名队员进行各种线路的防守、调整传球和反攻练习(图 7-54)。

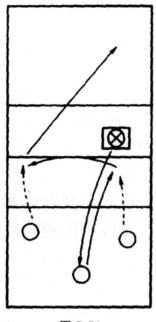

图 7-54

(2)无对抗条件下的防守练习。

(3)简单对抗条件下的防守练习。

(4)较激烈对抗条件下的防守练习。

(5)后排插上组织进攻:教练员将球跑向后场或远角,2、3、4 号位队员迅速下撤准备接球或进攻,1 号位队员快速插上组织进攻,5、6 号位队员接球后也可以参加后排进攻。

(6)集体拦网下的保护:2 号位队员扣球,对方集体拦网扣在拦网队员手上,本方队员积极保护,力争扣球进攻;或由 3、4 号位队员扣球进攻保护。

(7)模拟决胜局的攻防练习。

第八章 高校排球游戏教学与训练指导

高校排球运动游戏教学是高校排球教学的重要内容,通过排球多样化、丰富多彩的游戏内容教学能有效活跃高校排球运动教学过程和激发高校大学生的排球运动教学参与的兴趣,本章主要就高校排球相关游戏内容的教学进行详细分析与研究。

第一节 运动游戏在排球教学与训练中的应用

一、高校排球教学游戏的特性

(一)趣味性

体育游戏具有趣味性,高校排球运动教学中的各种游戏也具有趣味性,趣味性是排球运动游戏的基本属性。通过排球教学活动中教学游戏的组织,在游戏过程中,参与者能保持一种放松的心态,每个人参与都很放松,很愉悦,同时,排球教学游戏在趣味性的基础上融入了与排球运动体能、技能相关的内容,使得整个排球运动教学活动有趣、好玩又能为实现游戏目的而服务和奠定活动基础。

(二)竞技性

体育游戏具有一定的竞技性,在游戏过程中,往往需要分成几个组或者几个队,也有根据个人游戏成绩进行比拼的活动,但无论是哪种形式,都是需要利用学生在游戏中的表现来激发学生参与游戏的积极性和主动性,通过游戏活动表现进行对比区分,激发学生的排球运动参与活力、潜能,在比拼中掌握排球知识、技能。

(三)科学性

体育教学应遵循客观教学规律,高校排球教学活动也应遵循客观规律,高校排球运动教学中的排球运动游戏的选择、组织、实施需要遵循排球运动教学的一般规律,也需要遵循学生发展的一般规律,对于排球运动教学而言,排球教学游戏应为排球运动教学目标的实现服务,设计出符合人体生理学的体育游戏,从科学角度去阐述事情发展的规律,让学生在游戏过程中受益。

(四)教育性

排球教学旨在通过学生的排球运动参与与学习,来实现排球运动的多元教育功能,促进学生的全面发展,排球运动教学游戏的组织和实施也应充分发挥排球活动的教育作用,做到寓教于乐,通过组织学生参与排球运动教学游戏过程,将排球运动知识和技能潜移默化地传递给高校大学生,使高校大学生在排球运动游戏活动中去感知和掌握人生道理,引发思考,促进自我发展。[①]

二、高校排球教学中体育游戏应用的作用

(一)全面增强学生综合体质

高校排球教学游戏是通过学生的各种身体活动来实现的,高校大学生参与各种丰富多彩的排球运动游戏,能使身体得到各种锻炼,可有效促进自身的生理机能和增强体质健康水平,高校大学生通过参加排球运动游戏主动参与到排球教学中去,在教师的教学组织和实施过程中,通

① 徐璐璐,姚尧.关于排球教学中体育游戏的应用研究[J].才智,2018(25).

过合理的运动练习强度的增强和运动负荷的提高,锻炼学生的身体,提高学生的生理各系统和器官的功能,提高身体素质、提高健康水平、增强运动适应力和环境适应力。

(二)提高学生排球学练的积极性

体育运动游戏具有趣味性、竞技性、教育启发性,通过排球运动游戏引入高校排球运动教学过程中,能极大地提高大学生的排球运动学习的积极性与主动性,这对于排球运动教学过程的顺利开展和排球运动教学效果的良好获得具有非常重要的意义。

在高校排球运动教学过程中,排球游戏的开展,能使学生的活动与学习注意力集中到教学过程中,有利于提高学生对排球教学的求知欲望和兴趣,促进学生自主参与排球运动体能与技能学练,促使学生更加主动地学习排球的技术动作,有助于转变学生的学习态度,提高排球教学质量。①

(三)提高排球教学方式的灵活性

高校排球教学过程中教师对教学活动的组织会极大地影响学生对教师的排球运动教学的影响、会影响教学质量与效果。在高校排球运动教学中,教师合理选用排球教学游戏内容与方法,组织排球运动教学,使得排球运动教学内容更加丰富、调息方式更加灵活,能改善排球运动教学效果。

相较于枯燥的排球运动身体练习,排球运动游戏的引入,通过游戏的形式将排球教学的内容呈现出来,让学生能够在愉快的教学环境与过程中学到排球的相应基础知识和基本技能技术,可以更好的提高学生对学习排球的兴趣,并促进高校排球运动教学方式方法的创新。②

---

① 孙耀兰.体育游戏在排球教学中的运用探讨[J].当代体育科技,2018(18)8.
② 李华燕.体育游戏在排球教学与训练中的应用[J].当代体育科技,2018(6)37.

三、高校排球教学中体育游戏应用的注意事项

(一)科学选用体育游戏

高校排球运动教学过程应是科学的、严谨的、系统的,排球运动教学游戏内容、组织形式、过程方法也应是科学合理的。

高校排球运动教学实践中科学合理地选用体育游戏具体要求如下。

(1)游戏与排球教学相互有着紧密的内在关系。

(2)根据学生的实际情况选取与教学内容有关的游戏。

(3)根据学生的不同水平、不同年龄特征选取不同的体育游戏。

(4)将体育游戏融入排球教学,游戏过程时间不能过长,强度不能过大,注重游戏的活跃气氛、调动启发、整理放松作用,激发学生兴趣、促进学生恢复。

(二)科学组织体育游戏

游戏内容、方法关系到游戏的组织与实施效果,游戏过程组织与开展也关系到游戏教学效果,在高校排球运动教学中,教师应针对不同年级、不同水平的学生,通过不同的游戏形式激发学生的排球参与意识、运动竞技意识,以求达到良好的效果,使体育游戏在排球教学中有序开展,继而完成教学任务。

(三)注重教学游戏安全

体育运动相较于其他学科教学存在许多不安全因素,在排球教学游戏的组织过程中,教师应注意教学安全问题。重点应做好以下工作。

(1)体育游戏设计一定要符合每个阶段学生的生理和心理,综合考量学生各方面的因素。

(2)体育游戏要遵循健康的准则,内容和形式都要积极向上。

(3)游戏开始前,教学过程中都要始终强调安全意识,做好教学安全监督。

(4)做好意外事故的应急预案,保证万无一失。

第二节 排球运动素质游戏训练

一、力量素质游戏

(一)推小车

游戏目的:发展上肢力量素质。

游戏准备:空旷场地一块。

游戏方法:把学生分成人数相等并为偶数的甲、乙两队,各队"1、2"报数,两队端线后纵向排列,各队数1者两手撑地,数2者抬起数1者两腿。游戏开始,教师发布口令,数1者用双手、数2者用脚,两人一组协同前进至中线后,两人交换角色返回端线,排至本队队尾。依此类推。先进行完的队获胜。

游戏规则:数1者双手交替前行,且双手触及端线才能与数2者互换角色。

(二)救伤员

游戏目的:增强学生的下肢及腹背力量。

游戏准备:空旷场地一块。

游戏方法:全体学生平均分为两队,在篮球场地端线后,成纵队面向场内站立,每队选一人为"伤员"。游戏开始,各队队首学生背起"伤员"向前快跑,至中线返回,各队第二人重复队首学生动作,各队队员依次背"伤员",用时短的队获胜。

游戏规则:

(1)"伤员"不得着地。

(2)背"伤员"必须双脚踏过中线才能返回。

(三)双人蹲跳

游戏目的:提高学生下肢力量与协作能力。

游戏准备:在场地上划两条平行线分别做起跳与返回标记,相隔 8 米(图 8-1)。

游戏方法:全体学生均分两队,各队纵向列队,游戏开始后,两人一组,以两肘相挎背对背蹲跳,从起跳线出发,至返回线折回至开始位置,再排到本队队尾,依次进行,先完成的队获胜。

游戏规则:二人共四只脚均跳过折回线才能折回,蹲跳过程中不得起立。

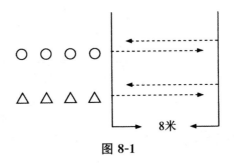

图 8-1

(四)鸭步接力

游戏目的:发展学生下肢力量和协调性。

游戏准备:空旷场地一块。

游戏方法:全体学生均分两队,每一个人均成标准半蹲姿势,双手背后,纵向站立在排球场一边的端线后。游戏开始后,各队队首学生以半蹲姿势"鸭步"前行至中线返回,击本队第二人的手,各队员依次完成,先完成的队为胜。

游戏规则:

(1)行进过程中必须保持半蹲姿势,否则重新从端线开始。

(2)"鸭步"返回后,接力必须击掌,提前启动为犯规,返回起点重做。

(五)火车过隧道

游戏目的:提高学生的下肢力量。

游戏准备:空旷场地一块。

游戏方法:人数分成相同的小组,各小组成一纵队,全体蹲立,两手扶住前面人的腰,听口令出发,集体同节奏蹲跳穿过球网直到端线(图 8-2)。

游戏规则:

(1)队伍之间不能断开,如车出"故障",必须在原地接好后才能继续前进。

(2)以"火车"车尾到达终点线作为判定胜负的标准。

(3)先过端线的队伍胜出。

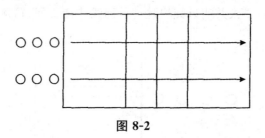

图 8-2

二、速度素质游戏

(一)单双数

游戏目的:发展学生快速反应和跑的能力。

游戏准备:半径 15 米的圆形场地一块。

游戏方法:如图 8-3 所示,学生均匀地站在圆圈外,面向圈内并"1、2"报数,两人一组,游戏开始后,全体同学逆时针围圈跑,教师喊"1"时,单数学生迅速入圈,双数学生迅速抓单数学生,阻止其入圈;当教师喊"2"时,单数学生抓双数学生,被抓者停止游戏,误抓者也停止游戏,反复多次游戏,最后留下的学生获胜。

游戏规则:

(1)进圈前触拍到即为抓住。

(2)只能在圈外跑动,不得踩线跑,不得提前入圈。

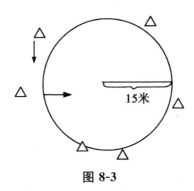

图 8-3

(二)你抓我救

游戏目的:提高学生的移动速度。

游戏准备:空旷场地一块。

游戏方法:将球场的中圈列为"禁区",规定 5 名学生为追逐者,其余为被追逐者,可在除"禁区"外的场地随意跑动。被追逐者被抓进入"禁区",未被抓者可与"禁区"内同伴拍手营救被抓者。所有被追逐者都被抓入"禁区"则游戏结束,或"禁区"内的人全部获救则游戏结束。

游戏规则:

(1)解救被困者,必须击掌。

(2)解救被困者过程中被抓,要进入"禁区"。

(3)拍到无效,抓住被追逐者才算抓到。

(三)两人三腿

游戏目的:发展学生的跑速和快速移动能力。

游戏准备:排球场地一块。

游戏方法:两人一组,肩并肩,相邻的两脚绑在一起,形成"三"条腿。游戏开始后,各组以"三"条腿走向球场的另一条端线,先到达的组获胜。

游戏规则:

(1)行进间摔倒,可爬起继续前行。

(2)三条腿都越过端线才算到达终点。

(四)接力赛

游戏目的:发展学生快速移动能力。

游戏准备:排球两个。

游戏方法:全体均分两队,纵队站于端线,双方第一名从端线起将球拨动(边拨边跑),钻过网后将球传到第二名队员,第二名队员待第一名队员将球传出后从端线出发,接球,跑回端线,同样接力,以此类推,先到的队为胜(图8-4)。

游戏规则:不得抢跑。

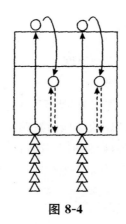

图 8-4

(五)钻四门

游戏目的:发展学生协调能力,反应速度和奔跑速度。

游戏准备:在场上划两条相距10米的平行线,一为起跑线,一为终点线。

游戏方法:全体均分两队,各路纵队站在起跑线后,彼此间隔3米,每对选出4名队员,在两条线中间处面向里手拉手成四方形,使其构成"城门"分别对正东西南北方向,当老师发出"进东门,出西门"的口令,各队必须按教师的命令穿越而过,然后跑向终点线,以先到队为胜(图8-5)。

游戏规则:

(1)穿城而过,不得碰"守城人"的手。

(2)跑动中全队不得散开。

（3）以队尾通终点才算全队抵达。

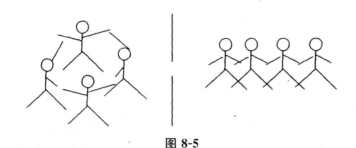

图 8-5

(六)火车运货

游戏目的:发展学生的快速移动的素质。

游戏准备:空旷场地一块,四个球。

游戏方法:全体分四组,每组 6 个人,成纵队排成一排,第一个人经胯下牵拉下一个人的手,依次牵拉,第一个和最后一个人各持一球,站在端线,鸣哨后,比赛开始,将球放进网边的筐中(图 8-6)。

游戏规则:

(1)各组将球运至网下返回,往返 2 次。

(2)最先到达终点为胜者,负队做俯卧撑 5 次/人。

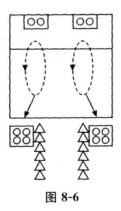

图 8-6

三、耐力素质游戏

(一)捉鬼

游戏目的:发展学生的有氧耐力。

游戏准备:排球场一块,排球若干。

游戏方法:队员围成一圈站立,一名队员持球站于圈中央(图 8-7),游戏开始,持球队员将球抛起,同时喊接球队员名字,被喊到名字的队员必须来接球,其余队员跑到已画好的方框中,此时,接球队员可用球砸没有跑到筐中的队员,如用球没砸中,也可追赶,摸到对方即为"捉到"。

游戏规则:

(1)持球队员不得抢抛球。

(2)被喊到名字的队员接到球后方可开始"捉鬼"。

(3)一个框只能站一个人。

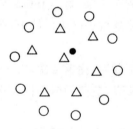

○地上划的方框 △队员 ●排球

图 8-7

(二)淘汰赛跑

游戏目的:提高学生的速度耐力。

游戏准备:排球场一块,在场地上画一个直径 10 米的圆,在圈外划一条线为起跑线。

游戏方法:全体学生纵向列队站在起跑线后,游戏开始后,每人绕场地上的圆圈跑两圈,淘汰最后跑完的人,其他人进行第二轮赛跑,再淘汰最后一个人,如此依次进行赛跑跑圈,直到剩下最后一名学生,游戏结束。

游戏规则:每次跑圈,必须听口令或信号进行,抢跑者直接淘汰。

（三）见线折线跑

游戏目的：提高学生快速耐力跑能力。

游戏准备：排球场地一块。

游戏方法：全体学生均分两队，面向场地，纵向列队站立在一端线后。听到"开始"口令或者信号后，各队排头开始，依次快速跑到另一端线，再返回到出发点，和本队第二人击掌。依次进行，先完成的队获胜。

游戏规则：

（1）必须在过线后返回。

（2）依次进行的两名队员必须击掌后，下一名队员才能出发，否则算犯规。

（四）拉手风琴

游戏目的：提高学生的速度灵活性、速度耐力。

游戏准备：实心球 9 个，编码放在排球场，中线 3 个，限制线上 3 个，限制线与底线的中线上 3 个。

游戏方法：全体均分为两队，分别在底线外站好，当听到信号后，排头先向右侧移动摸第一个实心球，再移动至左侧摸第二个实心球，依次摸三、四、五、六个实心球，后折回本队击拍第二个人手掌，第二个人再依次摸每个实心球（图 8-8）。

游戏规则：手必须触及实心球，否则重做摸球动作。

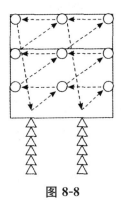

图 8-8

四、灵敏素质游戏

(一)躲竿

游戏目的:发展学生的灵敏性及弹跳力。

游戏准备:排球场地一块。一根竹竿(长5米左右),在一端系1米长左右的软绳,画一个半径小于5米的圆圈。

游戏方法:如图8-9所示,所有学生站在圈线上,面向圆心,间隔1米。教师站在圆心,手持竹竿没有系绳的一端画圈,学生跳起躲避竹竿和绳,碰到竹竿和绳则淘汰,最后留下的同学获胜。

游戏规则:

(1)学生不得逃离圆圈,应原地起跳。

(2)不限制起跳方式,不得干扰他人起跳。

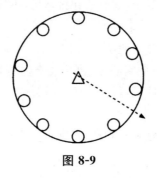

图 8-9

(二)贴人

游戏目的:提高学生奔跑能力及灵敏性。

游戏准备:排球场上画一个半径6米的圆圈。

游戏方法:两人一组,并排面向圆心站立,每组之间间隔2米。游戏开始,指定一名学生为逃离者、一名学生为追逐者,两人自由跑动追逐,逃离者可贴住站立在圈圈上的任意一组,则与其相隔的那名学生变成逃离者。如逃离者被抓住,则逃离者与追逐者互换角色(图8-10)。

游戏规则:

(1)追逐者拍到逃离者,即为抓到。

(2)逃离者不得跑离圆圈太远。

(3)不能向回贴人。

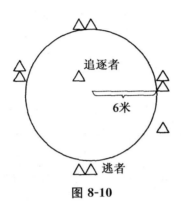

追逐者

6米

逃者

图 8-10

(三)紧急集合

游戏目的:发展学生的灵敏性素质。

游戏准备:空旷场地一块。

游戏方法:画一个直径约 10 米的圆圈,全体同学在圈外慢跑准备,教师站在圆圈中心叫数字,学生根据教师所叫的数字紧急和同学靠拢组队,落单或组队人数与教师所喊数字不符,应受罚(图 8-11)。

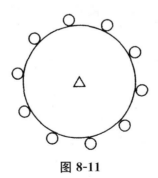

图 8-11

游戏规则：

(1)紧急靠拢时，不能采用将已集合完的同学推或拉出的方法，否则应受罚。

(2)靠拢的人数应与教师所叫的数相同，若是人数少于该数，则此点靠拢的学生应全部受罚，若人数多于该数，则受罚的学生为后来者，即最后进入该队伍的学生。

(四)遮网排球

游戏目的：发展学生灵敏素质，提高学生反应能力。

游戏准备：排球场地，用大块布遮住排球网，排球若干个。

游戏方法：6 人一组，每两队一块场地按排球比赛方法进行游戏，队员看不到对方的行动，以此来培养学生的预测判断和快速反应能力(图 8-12)。

游戏规则：三局两胜。

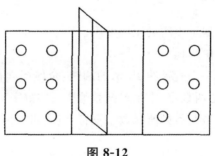

图 8-12

(五)一山不藏二虎

游戏目的：发展学生快速传球的灵敏性。

游戏准备：排球场一个，排球两个。

游戏方法：6 人一队，每两队对抗。两队分散站在各自场内，发令后双方将球传过网使两个球触及对方队员之后，两个球仍然同时在对方一边，这时无球一方获一分，游戏重新开始，规定时间内，得分多的队胜(图 8-13)。

游戏规则：持球或球落地均判为失一分。

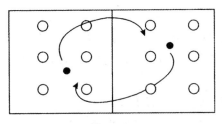

图 8-13

(六)老鼠出洞

游戏目的:发展学生的身体反应力和灵活性。

游戏方法:全体手拉手成圈,圈内两人为"鼠",圈外四人为"猫","猫"不让"老鼠"出洞,"老鼠"互相配合把"猫"晃开从两人手下钻出,又从隔壁钻进(图 8-14)。

游戏规则:在出洞过程中被"猫"摸到,则淘汰。

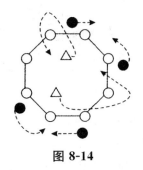

图 8-14

第三节　排球运动技术游戏训练

一、移动技术游戏

(一)投地雷

游戏目的:发展学生上肢力量和培养团队协作精神。

游戏准备:排球场地一块,排球 14 个,篮球 2 个。

游戏方法：如图 8-15 所示，全体学生分成人数相等的两队，站在投掷线后，呈纵队站立，两队间隔 3 米。每一队发 7 个排球。游戏开始后，各队员站在投掷线后，依次用排球击圈内的排球，排球被击出圈外得 1 分。

游戏规则：

(1)击球必须出圈，压线者不算。

(2)不得超越投掷线击球，否则击球无效。

(3)排球投出之后球仍未出圈可进入圈内拿排球。

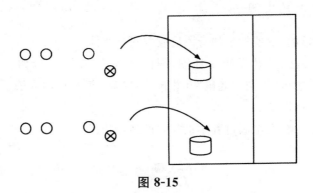

图 8-15

(二)网捉鱼

游戏目的：提高学生快速移动和应变能力。

游戏准备：排球场地一块。

游戏方法：全体均分两队，一组当"鱼"，一组当"网"，"网"分若干张，每张至少 3 人组成，被捉到的"鱼"即成为"网"，直到"鱼"被捉尽(图 8-16)。

游戏规则：轮换练习、避免冲撞，注意安全。

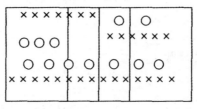

"×"表示"网"，"○"表示"鱼"

图 8-16

(三)你追我赶

游戏目的:提高学生移动变向的灵活性。

游戏准备:排球场地一块,起跑线两条。

游戏方法:将学生分成人数相等的两队,在排球场端线外站好。游戏开始,两队排头沿直线跑进,同时,逆时针连续转体 $90°$ 的小步跑五圈,触摸中线后疾跑回击拍第二人手掌,依次进行。规定时间内速度快的队获胜(图 8-17)。

游戏规则:

(1)连续转体一周,中途不可停留。

(2)触摸中线时,手要摸到中线。

(3)跑回击掌后,接力人才能跑进,不得抢跑。

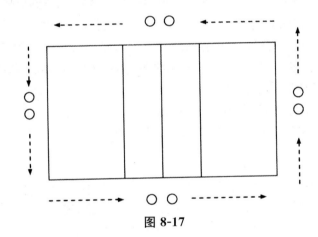

图 8-17

(四)瘸子搬砖

游戏目的:培养学生行进中的应变能力。

游戏准备:排球场地一块,排球若干个。

游戏方法:全体均分两队,起始线后站好。游戏开始,两队排头单脚跳到半场的 3 米线中点,将放在指定圆圈内的球捡起 1 个再跳至终点,击拍本队的下一人手掌,依次进行,先完成的队获胜(图 8-18)。

游戏规则:前进中单脚进行,返回时换脚跳回。

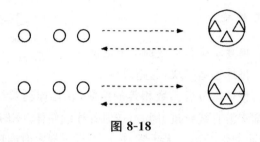

图 8-18

(五)合作愉快

游戏目的:提高学生在高难度动作下的稳定性。

游戏准备:排球场地一块,排球 8 个。

游戏方法:如图 8-19 所示,全体学生分成人数相等的两队,每队中队员两两结合组成一组,于排球场两侧端线外站好。当听到信号后,两队中的第一组每人拿两个排球,一球放于腋下夹住,另一球放于小腿间夹住,另一手臂相挽前行,至终点后绕过标杆返回,到达起点处每个人再做传垫球 5 组,然后把球同时交给本队的下一组。先完成游戏的队获胜。

游戏规则:

(1)行进中可跳、可走,不限走法。

(2)球在腿中掉下后,应重新捡起继续前进。

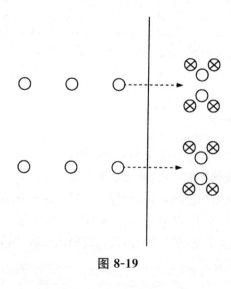

图 8-19

(六)愚公移山

游戏目的:提高学生步伐移动速度。

游戏准备:排球6个。

游戏方法:全体均分两队,底线处列队,排头手捧三个排球,听到信号后移动到中线,将三个球放在中线上,再将球一个一个地搬到限制线上,再将球抱起返回本队交给下一个人,依次进行,速度快的队胜(图8-20)。

游戏规则:

(1)搬动球时不许掉球,掉地重做。

(2)搬动球的时候须一个一个搬,不允许一次搬动两个球。

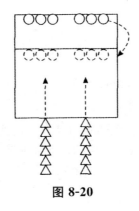

图 8-20

二、发球技术游戏

(一)打靶

游戏目的:提高学生发球的力量和准确性。

游戏准备:两个靶台,排球若干个。场地上画一条发球线,在距该线10米~12米处放两个靶台。

游戏方法:全体均分若干队,游戏开始后,排头向靶台发球,击中可得1分,全队依次发球(图8-21)。得分多的队获胜。

游戏规则:发球按顺序进行。

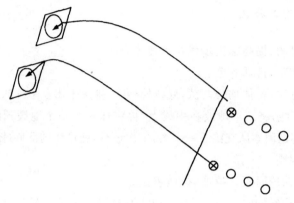

图 8-21

（二）发球记分

游戏目的：提高学生发球准确性。

游戏准备：排球若干个。

游戏方法：如图将两个半场各划分为 6 个区域,在各个区域写上数字,将学生分成两个人数相等的队伍,成横队站在端线后,游戏开始,各队学生依次每人发一次,并按球的落点记分,失误为 0 分,得分多者获胜（图 8-22）。

游戏规则：

（1）用正确的发球方法发球。

（2）压线球算成功,球压分区线记高分区的分数。

3	3			3	2
1	2			2	1
2	3			3	3

图 8-22

(三)心灵手巧

游戏目的:培养学生发球的针对性和目的性,改进学生发球技术。

游戏准备:排球场地一块,排球若干个。

游戏方法:全体均分为两队,3人一组,将排球场划分为二传需跑到位能顺利传起组织进攻的3分区、通过队员调整进攻的2分区、不能攻但能处理的1分区。队员接一传到不同区域得不同的分数(图8-23)。发球成功得3分,破坏进攻得2分,发球过网得1分,发球失误不得分,每人发一球,得分多的队胜。

游戏规则:

(1)发球队员应在对方准备就绪情况下发球。

(2)接发球队员只需一次传球。

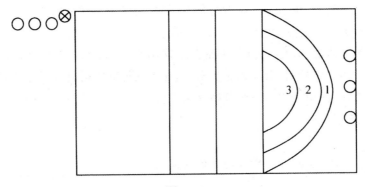

图 8-23

(四)百步穿杨

游戏目的:提高学生发球技术和准确性。

游戏准备:排球场地一块,排球若干个。

游戏方法:全体均分若干队,每人发两次球,发直线和斜线各一次,完成1次得1分,成功发出直线和斜线时得2分。全队依次发球,累积得分高的队胜(图8-24)。

游戏规则:

(1)发球前确定线路,必须按线路发球才能得分。

(2)发球手法可以不受限制。

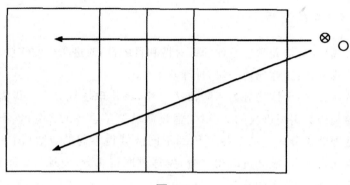

图 8-24

（五）流星赶月

游戏目的：促进学生手臂力量发展，提高学生发球准确性。

游戏准备：排球场地一块，10 个排球。

游戏方法：4 人一组，分别站在排球场半场内，由 2 人把球发出，使球到达指定位置，接着 4 人轮流击球，并设法把球击得越准越好，如该组失误 5 次，便由场下另一组替换该组进行练习，游戏重新开始（图 8-25）。

游戏规则：

（1）禁止掷球。

（2）没有击到球或接球时落地为失误。

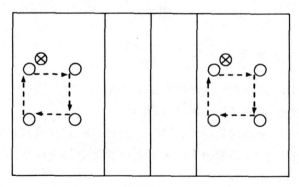

图 8-25

三、传球技术游戏

（一）步步高

游戏目的:提高学生控球能力和增强手感。

游戏准备:排球场地一块,排球若干个。

游戏方法:每人1球,做一次高的自传球和一次低的自传球,两次传球有明显差别。以交替时间次数累计次数多者胜(图8-26)。

游戏规则:

(1)运用正确的手形保持好击球点做自传。

(2)高传球须超过头1米的距离。

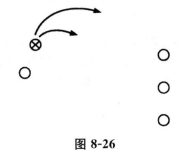

图 8-26

（二）越网传球

游戏目的:提高学生传球的准确性和控制能力。

游戏准备:排球场地一块,排球若干个。

游戏方法:每人持一球面对球网站好。游戏开始,学生在球网的一侧向另一侧传球,随即迅速钻过球网接传1~3次,之后再将球从另一侧传回,以此类推。规定时间内传球移动成功次数多者胜(图8-27)。

游戏规则:

(1)如球落地可以捡回再接着传。

(2)不能离球网太近,应保持一定距离。

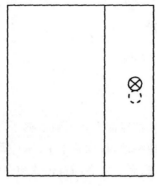

图 8-27

(三)鲤鱼跳跃

游戏目的:提高学生传球的控制能力和准确性。

游戏准备:排球场地一块,排球若干个。

游戏方法:全体均分两组,在排球场端线外列纵队站立。听到信号后,排头做自传球向前移动的练习,待到网前自传高球过网,人从网下钻过并连续接传球前进,直至对区端线,依次进行。速度快的队胜(图 8-28)。

游戏规则:

(1)自传球,传高球过网及接自传球前进时,球均不得落地,否则从落点重做。

(2)传球练习中不能出现错误动作,否则重做。

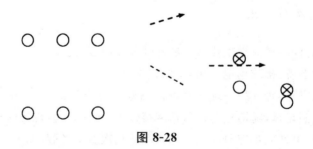

图 8-28

(四)三角火线

游戏目的:提高学生传、扣球技术能力。

游戏准备:排球场地一块,排球 10 个。

游戏方法:三人一组,成等腰三角形站位,间距4米。游戏开始,队首学生抛球给本方队员,然后扣垫回的球,三人依次传垫扣球。失误少,先达到20个(扣10个和垫10个)球的队胜(图8-29)。

游戏规则:

(1)接力队员必须等本队完成后才可进行。

(2)传球队员按要求不能抛球。

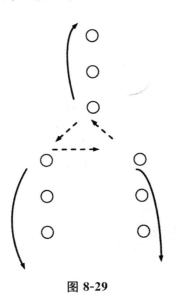

图 8-29

(五)传球接力

游戏目的:提高学生控球感,培养团结协作习惯。

游戏准备:排球场地一块,排球两个。

游戏方法:将参加者分为两个队围成两个圈。在点1、2的两个队员传球,圆圈顺时针转动,下两个进入点1、2的队员传球,以此类推,(图8-30),先达到指定传球数者胜。

游戏规则:

(1)只能传球,且要隔网。

(2)只能按照顺序传球。

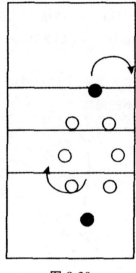

图 8-30

四、垫球技术游戏

(一)持球接力

游戏目的:让学生熟悉垫球部位,发展其灵敏性和协调性。

游戏准备:排球场地一块,排球若干个。

游戏方法:全体均分为两队,排球场端线站好。游戏开始,排头队员用垫击球的部位将球托起,持球跑进,穿过球网到对区端线处绕回,将球交给下一个人,接球做同样动作,全队依次进行。先完成游戏的队获胜(图 8-31)。

游戏规则:

(1)球落地后应立即捡回,并在掉球处重新开始。

(2)不允许用双臂夹球的方式前进。

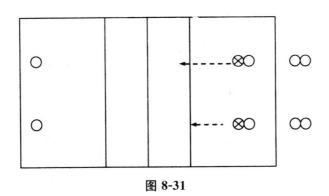

图 8-31

(二)弹跳入翁

游戏目的:巩固垫球手形,熟悉球性。

游戏准备:排球场地半块,排球若干个。

游戏方法:如图 8-32 所示,二人一组,一人持球。一人往地下抛球,待球反弹起后,另一人用垫球动作将球持在垫击部位处。规定时间内,接球成功次数多者胜。

游戏规则:

(1)抛反弹球必须高过人。

(2)用正确的垫球部位将球持住才算成功,否则不计次数。

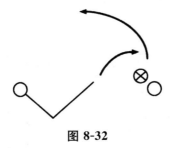

图 8-32

(三)你来我往

游戏目的:提高学生垫球技术和控制球能力。

游戏准备:排球场地一块,排球若干个。

游戏方法:把学生分成人数相等的若干队,并相距一定的距离迎面站好。游戏开始,排头做自垫球移动前进,移动至对面第一人后将球交给对方,该人做同样动作,全队依次进行。先完成游戏的队获胜(图 8-33)。

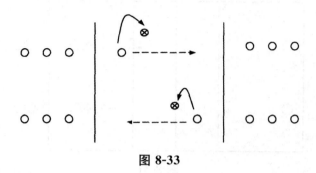

图 8-33

游戏规则:

(1)必须连续垫击球移动前进,如球落地,应在球落地点捡回球后重新开始。

(2)练习中不允许持球跑。

(四)反弹流量

游戏目的:提高学生反应能力、判断能力和垫击球技术。

游戏准备:靠墙的平整空地,排球若干个。

游戏方法示:两人一组前后站立。由后面的人向墙上扔球,待球反弹回来时,前面站立的人将球垫起,计 10 次或 20 次扔球中成功垫起的次数(图 8-34)。

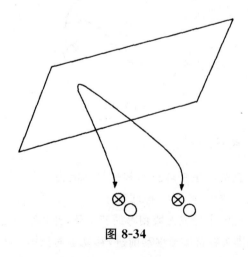

图 8-34

游戏规则：

(1)必须在球反弹落地前垫起球。

(2)只能用垫球的方式来完成练习。

(五)垫球竞速

游戏目的：提高学生的传垫球技术和控球能力。

游戏准备：排球场地一块，排球 2 个。

游戏方法：全体均分为两队，站成两队纵路。两队排头一人双手垫球移动到指定位置后，单手垫球返回，将球传给下一位队员，先完成游戏的队胜(图 8-35)。

游戏规则：

(1)失误应原地调整继续垫球。

(2)垫球的次数至少 5 次以上。

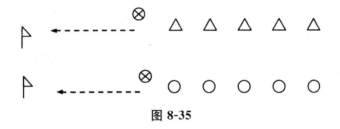

图 8-35

五、扣球技术游戏

(一)投扣靶心

游戏目的：练习扣球助跑起跳和挥臂的动作。

游戏准备：画一个直径为 2 米的圆，排球若干个。

游戏方法：全体均分为两队，游戏开始，排头从四号位助跑起跳扣球或投球，把球扣或投到对区画的圆圈内则得 1 分，全队依次进行。得分多的队胜(图 8-36)。

游戏规则:

(1)按扣球或投球动作扣球或投球。

(2)不允许触网。

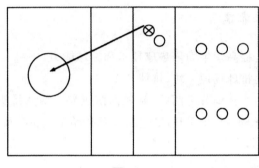

图 8-36

(二)纵深突破

游戏目的:提高学生扣球技术,增强其扣球的力量。

游戏准备:排球场地一块,排球若干个。

游戏方法:全体均分若干队,队中每个人轮流在限制线后自抛球做后排扣球。扣入对方场地得 1 分,全队依次进行。累积得分高的队胜(图 8-37)。

游戏规则:

(1)在后排扣球并将球扣在对方场地上算得分,否则不得分。

(2)扣球时要一定的力量,否则要扣分。

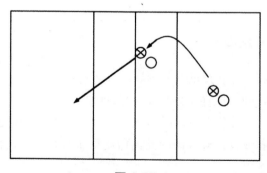

图 8-37

(三)双扣双接

游戏目的:提高学生的扣、传、垫球技术水平,培养协作精神。

游戏准备:排球场地一块,10 个排球。

游戏方法:4 人一组,由 1 号位传给 2 号位,然后 2 号位扣球,5 号位接球后再垫给 4 号位,4 号位扣球给 1 号位,连续不断。失误少的组为胜(图 8-38)。

游戏规则:

(1)不能让球落地,否则算失误。

(2)连续失误 3 次的队淘汰。

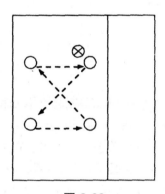

图 8-38

(四)连接不断

游戏目的:培养学生的扣球综合能力。

游戏准备:排球场地一块,排球若干个。

游戏方法:全体均分为两组。在 3 号位由教练或二传手抛球,学生依次在 6 号位做一次垫球给 3 号位,3 号位上网扣球,扣球动作连贯,扣球需要落在界内(图 8-39)。扣过的球多的组胜。

游戏规则:

(1)必须将球垫到 3 号位。

(2)扣球者不能触网,否则违例。

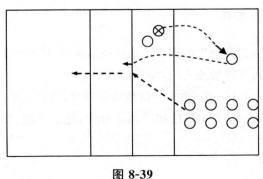

图 8-39

六、拦网技术游戏

(一)猴子捞月

游戏目的:提高学生拦网判断、反应、起动、移动和掌握起跳时间的能力。

游戏准备:排球场地一块,排球若干个。

游戏方法:全体学生分成若干个2人组。在2号位网前准备拦4号位的球,教练员做抛球或二传传球,拦网者看出球的方向进行移动拦网,2人循环做。以封堵过网点为准,判断是否成功,在规定时间内成功次数高者胜(图 8-40)。

游戏规则:拦网时不准触网。

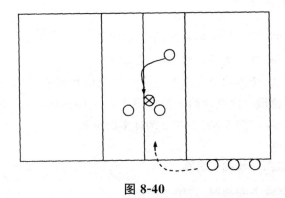

图 8-40

(二)亦步亦趋

游戏目的:提高学生拦网时判断、反应、起动、移动和掌握起跳时间的能力。

游戏准备:排球场地一块。

游戏方法:全体均分为两队,分别列队于限制线后。每队出一人,如甲队一人先做主动拦网动作,乙队一人则跟随模仿在同地点做同样的拦网动作,共做 5 次。主动做拦网的人做出拦网动作后 3 秒钟,被动拦网人必须做出模仿动作,如果超过 3 秒钟,则算失败,5 次 3 胜(图 8-41)。待第二人时则交换主动与被动的角色,以此类推。胜次多的队获胜。

游戏规则:

(1)拦网时手腕要高出网口。

(2)主动拦网者可以做假动作。

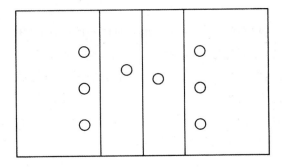

图 8-41

(三)左右兼顾

游戏目的:提高学生移动中拦网预判和拦球能力。

游戏准备:排球场地一块,排球若干个。

游戏方法:全体均分为两队,分别在本方限制线后列队,队员先拦击对方 2 号位的高台扣球,滑步至本方 2 号位拦击对方 4 号位的高台扣球,每人拦击两次扣球后归队,全队依次进行。拦网成功 1 次得 1 分,得分多的队获胜(图 8-42)。

游戏规则：

(1)拦网时不许触网。

(2)拦网动作要规范，不能过网拦球。

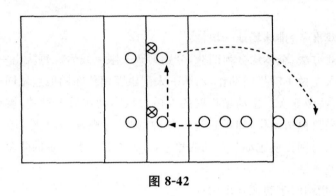

图 8-42

(四)高点拦击

游戏目的：提高学生拦网技术和拦网技术的应用能力。

游戏准备：排球场地一块，排球若干个，高台若干。

游戏方法：全体均分为两队，各自在本场 2 号位边线处纵队排好。排头在 2 号位拦高台扣球，待拦死后换下一人继续拦网，全队依次进行。速度快的队获胜(图 8-43)。

游戏规则：按拦网规则开展游戏。

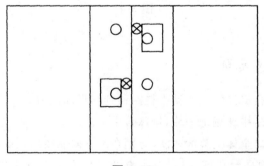

图 8-43

(五)进退有序

游戏目的:提高学生拦网能力、培养学生拦网后下撤防守意识。

游戏准备:排球场地一块、排球若干个。

游戏方法:全体均分为两队,于4号位边线外列队,游戏开始,排头拦对方4号位高台扣球一次,迅速后撤,接教师在本场中点抛出的球并将球传给二传手,全队依次进行(图8-44)。速度快的队获胜。

游戏规则:

(1)拦网必须摸到球,否则重做。

(2)防守时必须起球。

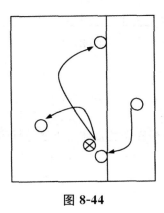

图 8-44

第四节　排球运动实战游戏训练

一、排球实战配合游戏

(一)一发一接

游戏目的:提高学生发球技术、保护意识、移动卡位能力。

游戏准备:排球场地一块,排球若干。

游戏方法：全体均分为两队，均在端线列队。游戏开始后，排头发直线球，迅速进场到场心接教师由对区 3 号位抛过来的球，将球交给本队下一人继续同样动作，全队依次进行(图 8-45)。速度快的队获胜。

游戏规则：发球失误和接球失误均需重做。

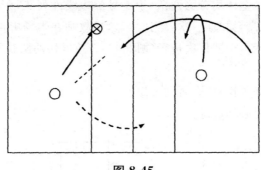

图 8-45

(二)一调一防

游戏目的：培养学生在调整传球后迅速进行防守的意识和能力。

游戏准备：排球场地一块，排球若干个。

游戏方法：全体学生分成人数相等的两组，在端线列队。游戏开始，排头从 1 号位插上接教师在对区 4 号位的一般扣球后立即前移，再将教师抛过来的球向 4 号位调传，然后返回本队由下一人做同样的一防一传动作，全队依次进行(图 8-46)。速度快的队获胜。

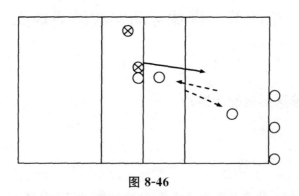

图 8-46

游戏规则：

(1)防守扣球要起球。

(2)传球要先传一般球。

(3)如果失误，则该动作要重做。

(三)争分夺秒

游戏目的：提高学生反应能力和巩固排球基本技术。

游戏准备：排球场地一块，排球若干个。

游戏方法：学生围成一个圆，圆心放一排球，指定一人为1号，顺时针报数，顺时针慢跑，教练给出算数方式，如$2 \times 3 = 6$，与结果6相同号码的学生快速入圈，入圈的学生在半分钟内传垫球并记下传垫球数，再次开始游戏。依次下去，传垫球数多者胜(图8-47)。

游戏规则：

(1)传垫球动作要规范。

(2)传垫球失误应重新开始计数。

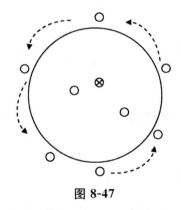

图 8-47

(四)同进同出

游戏目的：提高学生协助能力和排球的基本技术。

游戏准备：平坦空地，排球若干个。

游戏方法：全体均分为两队，两队"十"字形站开，以"十"字的焦点为圆点，以3米为半径画一个圆。每队以圆心为分组线，各分为两组退至圈外相对站立。游戏开始后，排头同学垫球进入圈中与本队另一组排头同学相遇,击掌后传球返回与本组第二人击掌,各组成员依次进行,先做完游戏的队胜(图 8-48)。

游戏规则:

(1)传垫球过程必须在 5 次以上。

(2)两组同学圈中相遇击掌后才能返回。

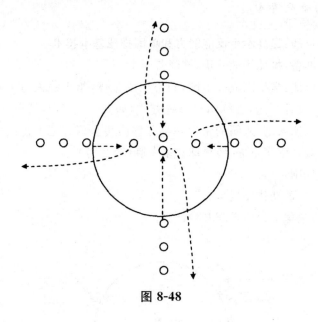

图 8-48

二、排球实战对抗游戏

(一)1 对 1 比赛

游戏目的:培养学生判断来球,防守接球的意识。

游戏准备:平坦空地,排球若干个。

游戏方法:全体分成 4 组,两两对抗。每边场内 1 名学生,其他学生在排球场边线外准备。场上学生用传球或垫球技术过网至对方的空当处,用传球或垫球技术后出场排到本队尾,后 1 名学生入场,依次进行。

游戏规则:

(1)比赛只用一项技术。

(2)比赛中传球、垫球技术正确。

(二)2 对 2 比赛

游戏目的:帮助学生了解球反弹规律,提高找球、控球能力。

游戏准备:排球场地一块,排球若干个。

游戏方法:每边场地2名学生。轮转并在端线后发球。在接对方过来的第1次球时允许落地后再击球。第2、3次击球前不允许球落地。每局15分,三局两胜。

游戏规则:

(1)第一次击球把球打到中场。

(3)积极跑动防守,把球打高,加强跑动接应。

(三)4 对 4 比赛

游戏目的:巩固学生排球基本技术,培养攻防意识。

游戏准备:排球场地一块,软式排球若干个。

游戏方法:每组各4人上场,只有发球次序的规定,三局二胜。

游戏规则:

(1)比赛时可以任意换人。

(2)不允许"携带球"和接住抛球,其他规则可适当放宽。

(四)6 对 6 比赛

游戏目的:帮助学生熟悉排球规则、提高学生实战观察、沟通、协作能力。

游戏准备:排球场地一块,排球1个。

游戏方法:6人在半场无固定站位,接球后立刻抛球,不可抱着球跑动。每边可相互抛接3次,网前人可跳起将球抛过网。球落在哪方则对方得一分。由得分方任一人在任何位置抛球再进入比赛。10分一局。

游戏规则:

(1)要求场上学生通过语言交流明确接球者。

(2)接住球后不可移动,通过抛接球找到理想"进攻"区域。

参考文献

[1]何维彦,谢大伟,孙成.排球[M].北京:清华大学出版社,2018.

[2]杨娅男.排球教学与训练[M].厦门:厦门大学出版社,2018.

[3]陈小珍,陈坚坚.排球、气排球与沙排[M].杭州:浙江大学出版社,2017.

[4]虞重干.排球运动教程[M].北京:人民体育出版社,2012.

[5]白红.排球教程[M].北京:北京理工大学出版社,2012.

[6]梁健.排球[M].北京:北京师范大学出版社,2015.

[7]杨静文.中国精神视域下的女排精神研究[D].西安交通大学硕士论文,2018.

[8]杨捷.当代"女排精神"研究[D].河北师范大学,2010.

[9]李莹.气排球[M].北京:中国人民大学出版社,2018.

[10]丁宝贵.软式排球、沙滩排球、气排球理论与方法[M].北京:北京师范大学出版社,2008.

[11]龚坚.现代体育教学论[M].重庆:西南师范大学出版社,2009.

[12]许玲俐,杨宋华.探讨高校排球教学的困境及发展策略[J].当代体育科技,2018(8).

[13]刘素伟.普通高校排球教学的现状及改革对策[J].学校体育学,2013(3)33.

[14]李雯,左丹.普通高校排球教学的现状及改革对策[J].运动,2016(132).

[15]李犀.高校排球教学影响因素探究[J].长春师范大学学报,2018(10)37.

[16]王凯.探讨高校排球教学中存在的问题及对策[J].体育世界,2018(10).

[17]王萍.陕西省普通高校排球运动开展现状调查分析[D].延安大学硕士论文,2014.

[18]员石.关于提高排球教学训练有效性的思考简[J].当代体育科技,2018(31)8.

[19]单雨峰.中国大学生排球联赛的可持续发展分析[D].河南大学硕士论文,2011.

[20]李小勤.中国大学生排球联赛赛制分析及对策研究[D].河南大学硕士论文,2012.

[21]于贵和.软式排球、沙滩排球、气排球理论与方法[M].北京:北京师范大学出版社,2008.

[22]潘映旭.中国排球运动的可持续发展研究[M].北京:北京体育大学出版社,2007.

[23]杨洁.高校排球高水平运动队建设现状分析[J].体育世界,2018(8).

[24]郑鸿湧.竞技排球后备人才培养现状及对策研究[J].文化创新比较研究,2018(20).

[25](美)乔纳森·里泽,(挪)罗尔德·巴尔主编;葛春林译.运动医学与科学手册 排球[M].北京:人民体育出版社,2006.

[26]祁燕琴,杨平世.心理训练在高校排球教学中的意义及应用探究[J].体育科技文献通报,2018(3)

[27]徐璐璐,姚尧.关于排球教学中体育游戏的应用研究[J].才智,2018(25).

[28]孙耀兰.体育游戏在排球教学中的运用探讨[J].当代体育科技,2018(18)8.

[29]李华燕.体育游戏在排球教学与训练中的应用[J].当代体育科技,2018(6)37.

[30]陈铁成,王幼华.现代排球教学与训练方法设计教程[M].厦门:厦门大学出版社,2012.